首批国家级职业教育教师教学创新团队重点课题资助（项目编号：ZD2020030101）
常州信息职业技术学院双高建设研究课题资助（项目编号：CCITSG202017）

高职院校
数学教师核心素养研究

张夏雨　朱　敏◎著

河海大学出版社
HOHAI UNIVERSITY PRESS
·南京·

图书在版编目(CIP)数据

高职院校数学教师核心素养研究 / 张夏雨,朱敏著
. -- 南京：河海大学出版社,2022.11
ISBN 978-7-5630-7835-6

Ⅰ.①高… Ⅱ.①张… ②朱… Ⅲ.①高等职业教育
-数学-教师-教学能力-师资培养 Ⅳ.①G715

中国版本图书馆 CIP 数据核字(2022)第 233983 号

书　　名	高职院校数学教师核心素养研究
书　　号	ISBN 978-7-5630-7835-6
责任编辑	齐　岩
特约校对	王春兰
封面设计	徐娟娟
出版发行	河海大学出版社
地　　址	南京市西康路 1 号(邮编:210098)
电　　话	(025)83737852(总编室)　(025)83722833(营销部)
经　　销	江苏省新华发行集团有限公司
排　　版	南京布克文化发展有限公司
印　　刷	广东虎彩云印刷有限公司
开　　本	718 毫米×1000 毫米　1/16
印　　张	14
字　　数	234 千字
版　　次	2022 年 11 月第 1 版
印　　次	2022 年 11 月第 1 次印刷
定　　价	58.00 元

序

新一轮基础教育课程改革，把培养学生核心素养作为教育的目标，从而形成由以知识为重教育观转向以素养为重教育观的变革，这个变革是深刻的，它不仅对基础教育产生了强大的冲击，而且会影响到普通高等教育及高等职业教育。

一个基本的命题是：要培养学生的核心素养，教师必须具备核心素养。这个命题的正确性似乎显而易见。当然，这两个群体的核心素养，其内涵是不完全等同的，一个是被培养者应当发展的素养，一个是培养者应当具备的素养。被培养者的素养已经被清晰地界定，2014年3月，中华人民共和国教育部颁发了《教育部关于全面深化课程改革 落实立德树人根本任务的意见》，明确提出了核心素养概念，即"学生应具备的适应终身发展和社会发展需要的必备品格和关键能力"。《普通高中课程方案（2017年版）》又补充了一条"正确价值观"。简单地说，发展学生的核心素养包括三个要素：关键能力、必备品格、正确价值观。毫无疑问，教师的核心素养也应当具有这三种成分，除此之外，教师的核心素养还有一个重要因素，就是要具备如何培养学生核心素养的知识、能力、情感和态度。

张夏雨博士研究的问题正是探讨教师的核心素养，研究对象为高等职业院校数学教师。本书是她博士论文的拓展，我看了书稿的感觉是，书上既反映了她在撰写博士论文时的循规蹈矩和写作时的满腔热情，也有对研究工作的反思和教育叙事的延续。

总体来看，我归纳出本研究所做的几项有意义的工作。

第一，在国内建构了第一个高职数学教师的核心素养体系。在对国内外相关研究做了全面综述的基础上，结合高等职业院校数学教师的职业特征，采用实证研究方法建构了高职院校数学教师核心素养的一个结构。作者做了以下几个工作：（1）对高职院校数学教师的角色做了深入分析。包括培养学生数学素养的有效教学者、整合教育技术资源的有效教学者、增进有效教学的专业成长者、具有良好品格的师德践行者四种角色。(2)提出高职院校数学教师核心素养的基本结构要素。这个结构包括知识、能力、品性三个基本维度,并将四个角色融入其中,每一个维度包含若干二级指标。(3)采用探索性因素分析和验证性因素分析的方法,对结构做了科学性分析和完善。

如前所述,教师应当具备如何培养学生核心素养的知识、能力、情感和态度,张夏雨博士建构的这个框架,充分体现了这一特征。例如,在"知识"维度,有数学学科知识、跨学科知识、教育学知识、学生学习的知识、数学学科教学知识等二级指标。这个知识体系既体现出与教师职业的共性,又彰显了职业教育教师的个性。事实上,从事职业教育的教师,应当具备与职业教育相关的各专业的基本知识,即"跨学科的知识"。又如,"品性"维度中的"对问题解决教学的认识信念",其蕴义是"相信数学教学应该聚焦于数学理解和问题解决,包括常规数学问题和复杂的现实情境或专业背景中的问题解决"。显然,这凸显了职业院校教师特有的素养。总之,这个职业教师的核心素养框架,兼容了教师和职业教育教师核心素养的本性。

第二,研究设计严谨,方法运用规范。本研究采用"自下而上"加"自上而下"的研究思路,从自下而上地收集数据,到自上而下地提出假设,再到对假设的科学验证,形成一条完整的证据链。(1)对文献作详细梳理,建立研究问题的理论基础。(2)专家访谈。访谈对象包括数学教育专家、职业教育专家,有中国专家,也有美国的专家。由专家对高等职业院校数学教师应具备的知识、能力和品性素养提出自己的观点,然后对数据进行编码处理,得到职业院校数学教师核心素养的基本指标体系,并根据访谈数据进一步完善。(3)根据所建立的指标体系编制问卷,选取教师样本进行测量。(4)由测试数据对量表进行项目分析,再运用结构方程模型对这个指标体系作探索性因素分析和验证性因素分析,最后得到一个具有优良信度和结构效度的职业院校数学教师素养结构。

当下国内教育界提倡做实证研究,这不是一个偶然现象。我们需要思辨研究,需要出思想、出理念的研究,但是,更需要做实证,需要基于证据的研究。一方面,实证研究可以上通理论下接实践,可以客观地反映教育、教学中的基本现象,可以更精准地发现教学中各变量之间的因果关系;另一方面,实证研究的范式又可以很好地与国外的同类研究接轨。当然,做实证研究必须遵循规范的方法,作出合乎逻辑的设计。我认为,张夏雨博士在研究教师素养结构方面作出了一个很好的研究案例。

　　第三,提出发展高职院校数学教师核心素养的建议。无论是基础教育、高等教育还是职业教育,教师的专业发展都是一个永远的话题,因为时代在发展,教育的改革总会持续不断。在一种新的教育环境下,教师应当具备什么素养?如何发展这种素养?这两个有逻辑关系的问题总会应运而生。本研究在回答了第一个问题之后,当然要力求回答第二个问题。从研究方法的角度看,要回答第二个问题可以选取两种思路,一是提出建议,二是提出干预措施,然后采用实验的方法去验证。本研究选取的是第一种思路。

　　本研究认为适合现阶段我国高职院校数学教师素养提升的途径主要有以下五条:(1)完善对高职院校数学教师的职后培训。(2)设置针对高职院校数学教师素养提升需求的课程体系。(3)组建专家和教师专业合作的学习共同体。(4)形成教学研究和科学研究的组织和环境。(5)实施针对高职院校数学教师不同群体差异性的核心素养提升策略。可以看到,这些建议与前面的研究高度相关,是依据教师的核心素养结构以及调查的结果有目的地提出的,因而具有针对性,也具有可操作性。当然,这一项工作有继续深入研究的空间,例如,如何通过干预的方法来验证或改进这些做法。

　　作为张夏雨博士的导师,我想谈谈她做这项研究的历程。当初之所以选择这个课题进行研究,是因为她在高等职业院校工作,数学教师核心素养作为研究题目,与她今后的工作息息相关。因此,尽管这个题目不是太好做,她还是迎难而上。题目选定后,她面临要出国一年的问题,跟随美国加州州立大学长滩分校安淑华教授学习,这给在国内的调查和数据采集造成了障碍,因而又增加了研究的难度。好在她找到了一个很好的合作伙伴,常州信息职业技术学院朱敏老师,这个问题可以迎刃而解。她的博士论文基本上是在美国完成的,我与她的沟通与交流只能通过微信、电话。可以想象,她在美国的日子是清苦的、寂寞的,面壁清心,实属不易。在这里,我要特别感谢安淑华老师,她对张夏雨的博士论文作出了精细的指导,同时在生活上又给予无微不至的关爱。

　　做这个研究,需要研究者具备一定基础的同时,又必须经历一个非常艰苦的过程。对研究者而言,需要具备扎实的教育理论和数学理论功底;需要掌握一套完成整个过程的研究方法,包括定性研究与定量研究方法;需要有娴熟运用结构方程模型来处理和分析数据的能力;更需要具备坚韧不拔的秉性和刻苦钻研的恒心。我认为,张夏雨博士做到了,而且做得很好!

本书的出版,为这项研究画上了一个圆满的句号。我相信,本书既是对张夏雨博士研究工作的肯定与展示,也为她开展后续的研究标出了起点。愿她在教育研究的道路上一直走下去,谱写新的篇章。

喻 平

2021 年 12 月

前言

百年大计,教育为本;教育大计,教师为本。《关于全面深化新时代教师队伍建设改革的意见》中指出:"全面提高职业院校教师质量,建设一支高素质双师型的教师队伍。"何为"高素质",首先需要研究清楚的就是职业院校教师有哪些核心素养成分,各成分之间又是怎样的结构。与此同时,职业教育中人文素养教育和技术技能教育并重日益成为共识,注重培养学生的文化素质、科学素养、综合职业能力和可持续发展能力成为全面提高人才质量的应有之义。高职院校数学教师,肩负着培养学生数学素养的责任。随着未来职业发展对职业人才数学素养要求的变化以及对学生数学核心素养研究的深入,必然会给教师的核心素养带来新的内涵与特征。因此,现阶段探讨高职院校数学教师核心素养有重要的现实意义。本书采用实证研究的方法对高职院校数学教师核心素养进行了结构研究,在此基础上,调查了全国高职院校数学教师对核心素养的认知现状。

首先,本书全面综合地梳理和分析了国内外相关研究,析取出高职院校数学教师的角色定位和核心素养维度结构,在此基础上,将高职院校数学教师的角色转化成具体可描述的因素内容及要义,从而建立了高职院校数学教师核心素养的理论结构。

其次,通过专家访谈法检验理论建构的合理性,使编制的量表具备专家效度;接着通过预试完成了对量表项目的选编和评估,形成了正式的测试问卷;通过正式测试进行探索性因素分析,确认了量表的因素结构,建立了量表的建构效度;在此基础上又进行信度分析,获得量表的内部一致性数据;最后通过验证性因素分析完成了对量表建构效度适切性和真实性的检验,从而建立与实际数据相契合的因素结构模型。

再次,根据编制的具有建构效度的高职院校数学教师核心素养量表,选择不同性别、教龄、职称、学历、地区和院校的高职院校数学教师群体进行调查,探讨了当前我国高职院校数学教师对其核心素养认识的现状、差异及成因。

最后,本书对高职院校数学教师核心素养的提升路径进行了探讨,在培训体系制度构建、课程体系设置、专业合作共同体形成以及针对不同群体的差异性素养提升策略等方面提出了若干对策和建议。

本书希望能对高职院校教师素养提升实践提供一些研究基础,成为教师核心素养研究的一种推进,但限于著者的能力和精力,本书还存在一些不足,还有若干问题需要进一步思考,它们将是著者今后进一步研究的内容。

本书由张夏雨、朱敏所著。张夏雨撰写了第一章、第三章、第四章、第五章、第八章;朱敏撰写了第二章、第六章和第七章。

本书的研究得到了南京师范大学喻平教授的精心指导,同时得到了美国加州州立大学长滩分校安淑华教授的指导,在此表示感谢。著者在写作过程中得到了常州信息职业技术学院相关领导、专家与同事的支持与帮助,在此表示感谢。本书引用了很多学者的观点,在此表示感谢。

目录

第1章 绪论	001
1.1 研究背景和意义	003
1.2 主要概念界定	004
1.2.1 "教师素养"及相关概念之辨析	004
1.2.2 "高等职业院校"概念的界定	013
1.2.3 "高职院校数学教师"及相关概念之辨析	015
1.3 研究问题的提出	017
第2章 研究综述	**019**
2.1 高职院校数学教师角色及素养的相关研究	021
2.1.1 国家政策角度的相关观点	021
2.1.2 数学教育角度的相关研究	027
2.1.3 高职教育角度的相关研究	037
2.2 数学教师素养和职教教师素养的相关研究	048
2.2.1 数学教师素养的相关研究	048
2.2.2 职教教师素养的相关研究	065
第3章 研究设计	**071**
3.1 研究目的	073
3.2 研究内容	073
3.2.1 《高职院校数学教师核心素养量表》编制的理论基础	073
3.2.2 建构高职院校数学教师核心素养的结构	074

3.2.3 分析高职院校数学教师核心素养认识的差异 ……………… 074
3.3 研究思路 ……………………………………………………………… 074
3.3.1 高职院校数学教师核心素养的理论建构 ……………… 074
3.3.2 高职院校数学教师核心素养的结构模型研究 ………… 075
3.3.3 高职院校数学教师核心素养认识的现状调查和差异比较
……………………………………………………………… 075
3.3.4 提升高职院校数学教师核心素养的路径研究 ………… 075
3.4 研究方法 ……………………………………………………………… 076

第4章 理论建构 …………………………………………………………… 077
4.1 高职院校数学教师核心素养构建路径 …………………………… 079
4.1.1 高职院校数学教师核心素养的应然性要求 …………… 079
4.1.2 高职院校数学教师核心素养的实然性分析 …………… 088
4.1.3 高职院校数学教师核心素养因素构建 ………………… 089
4.1.4 高职院校数学教师核心素养理论构建路径图 ………… 093
4.2 高职院校数学教师核心素养理论框架 …………………………… 093

第5章 高职院校数学教师核心素养结构 ………………………………… 097
5.1 预研究 ………………………………………………………………… 099
5.1.1 专家访谈 ………………………………………………… 099
5.1.2 预试 ……………………………………………………… 116
5.2 探索性因素分析 …………………………………………………… 120
5.2.1 整体探索性因素分析 …………………………………… 120
5.2.2 分层面因素分析 ………………………………………… 124
5.3 信度分析 ……………………………………………………………… 128
5.4 验证性因素分析 …………………………………………………… 129
5.4.1 初始模型的验证性因素分析 …………………………… 129
5.4.2 修正模型1的验证性因素分析 ………………………… 131

    5.4.3 修正模型2的验证性因素分析 ………………………………… 133
    5.4.4 修正模型3的验证性因素分析 ………………………………… 136
  5.5 小结 ………………………………………………………………… 139
    5.5.1 《高职院校数学教师核心素养量表》的编制与修订 ………… 139
    5.5.2 高职院校数学教师核心素养的结构 …………………………… 140
    5.5.3 修正前后量表之间的比较 ……………………………………… 140

第6章 高职院校不同群体数学教师的差异分析 ……………………… 143
  6.1 研究目的 …………………………………………………………… 145
  6.2 研究过程 …………………………………………………………… 145
    6.2.1 高职院校数学教师对核心素养认识的总体状况 ……………… 145
    6.2.2 高职院校数学教师对核心素养认识的差异分析 ……………… 146
  6.3 分析与讨论 ………………………………………………………… 166
  6.4 研究结论 …………………………………………………………… 172

第7章 提升高职院校数学教师核心素养的对策建议 ………………… 173
  7.1 提升高职院校数学教师核心素养的前提性反思 ………………… 175
    7.1.1 提升高职院校数学教师核心素养的目标提出 ………………… 175
    7.1.2 高职院校数学教师核心素养的现状分析 ……………………… 176
  7.2 提升高职院校数学教师核心素养的途径 ………………………… 178
    7.2.1 建立适合高职院校数学教师素养提升的职后培训体系 …… 178
    7.2.2 设置针对高职院校数学教师素养提升需求的课程体系 …… 179
    7.2.3 组建专家和教师专业合作的学习共同体 ……………………… 180
    7.2.4 形成教学研究和科学研究的组织和环境 ……………………… 182
    7.2.5 实施针对高职院校数学教师不同群体差异性的核心素养提升
         策略 ………………………………………………………………… 183

第8章 研究结论···187
8.1 高职院校数学教师核心素养结构·····························189
8.2 高职院校数学教师核心素养认识总体水平······················189
8.3 高职院校不同群体数学教师核心素养认识差异··················189
8.4 本研究的不足和对未来研究的启示····························191

附录 A 专家访谈提纲···193
附录 B 高职院校数学教师核心素养初测/复测问卷·····················198
附录 C "高职院校数学教师核心素养量表"项目选编····················201

参考文献···203

第1章 绪论

1.1 研究背景和意义

本研究的主要背景之一是中共中央、国务院颁布的《关于全面深化新时代教师队伍建设改革的意见》,"坚持兴国必先强师","造就党和人民满意的高素质专业化创新型教师队伍"。具体对职业院校教师提出:"全面提高职业院校教师质量,建设一支高素质双师型的教师队伍。"[①]如何实现"高素质",离不开对职业院校教师核心素养结构的研究。"教师核心素养和能力建设研究"是 2017 年国家社科基金教育学立项课题,本研究则专门针对高职院校数学教师的核心素养进行研究。

本研究的主要背景之二是未来职业的变化引发了对职业人才能力需求的变化,即未来社会需培养怎样的职业人才这一目标发生了转变。世界经济论坛(World Economic Forum)在 2016 年 1 月的报告《未来的职业:第四次工业革命所需的就业、技能和劳动力战略》中阐述了未来职业将呈现怎样的变化趋势以及相应的对未来职业人才的能力需求会产生怎样的变化。[②] 该报告预测了未来不同职业类别数量的变化,例如未来需要大量的技术人员和专家来管理先进的自动生产系统,这会导致生产制造一线的劳动力需求大幅度减少;由于技术的发展趋势,未来对于懂得计算机和数学的工作族群需求将大幅度增加。因此,未来职业所需的核心工作技能有 35 项,其中,解决复杂问题的能力、高水平的认知能力、创造力和数学推理的能力等将变得日益重要,而狭窄的专业技能将难以满足未来工作的要求。

人才培养目标的转变必然导致学校如何培养学生的转变。就高职院校而言,对学生职业能力的培养,不仅要通过专业课程培养学生的专业技能,而且还需要科学人文学科的基础课程来长期培养学生的高水平认知能力,这一点在高职院校中形成的共识越来越多。落实到数学课程,传统的数学知识和数学解题能力显然无法支撑核心工作技能中高水平认知能力和解决复杂问题能力等对数学的要求。那么高职院校的数学课程究竟应该着重培养学生的哪个方面?研究者认为应当是学

[①] 中共中央 国务院关于全面深化新时代教师队伍建设改革的意见[EB/OL]. http://www.gov.cn/xinwen/2018-01/31/content_5262659.htm.

[②] World Economic Forum. The Future of Jobs: Employment, Skills and Workforce Strategy for the Fourth Industrial Revolution[R]. World Economic Forum, 2016:3-26.

生的数学素养。它的内容与当前基础教育所提出的数学素养并无本质的区别,但是培养的载体和手段不同,高职院校学生数学素养的培养目标只有通过与"职业"的融通与配合,才能实现,否则缺少了围绕职业能力培养的"数学素养"教育是没有聚焦的、空泛的,无法体现职业教育的"职业性"特征,导致教育存在与真实内容脱节的问题。因此,目前数学教育将"数学素养"作为研究热点是本研究的主要背景之三。

高职院校数学教师作为数学教师的一类群体,长期以来缺乏对其的关注和研究。而研究者认为人才培养归根结底取决于教师,再优质的教学资源、先进的教育技术,唯有通过教师才能有效地发挥作用。因此在培养目标明确的前提下,围绕培养目标,探讨高职院校数学教师首先需要具备怎样的核心素养,对这一主题的研究具有重要的现实意义。

1.2 主要概念界定

1.2.1 "教师素养"及相关概念之辨析

1.2.1.1 素养与教师素养

在《辞海》中,"素养"有两种解释,一种是动词性解释,指经常修习涵养,如《汉书·李寻传》中,"马不伏历(枥),不可以趋道;士不素养,不可以重国。"另一种是名词性解释,指平日的修养,如《后汉书·刘表传》中,"越(蒯越)有所素养者,使人示之以利,必持众来。"①当我们在表达某个人的素养时,则用的是其名词性解释。

为了更深入地理解"素养"的涵义,离不开对"修养"涵义的进一步追溯。"修养"指培养高尚的品质和正确的待人处世的态度,或求取学识品德之充实完美,也指思想、理论、知识、艺术等方面所达到的水平。② 在《辞海》中,"修养"指在政治、思想、道德品质和知识技能等方面经过锻炼和培养而达到的一定水平,也指逐渐养成的在待人处事方面的正确态度。③ 由此可见,"修养"包含两方面的核心涵义:一

---

① 夏征农,陈至立.辞海(缩印本)[M].上海:上海辞书出版社,2010.
② http://www.zdic.net/c/e/13c/302410.htm.
③ 夏征农,陈至立.辞海(缩印本)[M].上海:上海辞书出版社,2010.

是,指这个人的品质态度和知识技能所达到的水平;二是,"修养"是需要经过锻炼和培养才能达到的。

由此,中文语境中的"素养"具备两方面的本质特征:第一,它是经过后天培养而到达的在某一阶段相对稳定的水平;第二,它重点指向的是人的知识技能和道德品质。

在西方语境中,已有研究表明,"素养"对应的英文词汇不是唯一的,如有文献指出,"素养"对应的英文是"literacy"。在英国《剑桥国际英语词典》中,"literacy"最简单的一个定义就是"具有读与写的能力"。在美国《韦氏英语词典》中,对"literacy"的解释是"读写能力的质量状况"(the quality or state of being literate)。[1] 其实,literate指的是有文化的意思,至于何为"有文化",本研究认为,它是具有时代特征的,即根据时代变化有不同的内涵,如果简单地翻译成"读与写的能力",是将"素养"的内涵与外延相混淆了,如此将会导致"素养"的外延由动态变为了静止,不利于对"素养"本质的理解。也有文献指出,"素养"对应的英文是"competencies"。[2] 1997年经合组织(OECD)发布的"Definition and Selection of Competencies: Theoretical and Conceptual Foundations"项目就被翻译成"素养的界定与遴选:理论和概念基础",其中的"competencies"对应了"素养"。2003年OECD出版的研究报告 Key Competencies for a Successful Life and a Well-Functioning Society 也被翻译成"核心素养促进成功的生活和健全的社会"。对"competencies"的解释是:"核心素养代表了一系列知识、技能和态度的集合,它们是可迁移的、多功能的,这些素养是每个人发展自我、融入社会及胜任工作所必需的。"[3]

由此,在"素养"所对应的英语词汇的分析中,可以发现"素养"的内涵不是一成不变的,它是具有时代特征,存在发展性的。就当代而言,"素养"包含的要素中,强调的依然是知识、技能和态度,这点与"素养"在中文语境中的涵义相同,因此有理由认为,知识、技能和态度品质是构成"素养"的稳定的组成要素。然而,对知识、技

---

[1] 赵雪晶. 我国中学教师教学评价素养研究[D]. 上海:华东师范大学,2014.
[2] 裴新宁,刘新阳. 为21世纪重建教育——欧盟"核心素养"框架的确立[J]. 全球教育展望,2013(12):89-102.
[3] 张娜. DeSeCo项目关于核心素养的研究及启示[J]. 教育科学研究,2013(10):39-45.

能和态度品质的社会期待,则被赋予了丰富的时代内涵,更会因为对象群体的不同,社会对该群体的特殊期待等因素而蕴含不同的涵义。

综上所述,从词源学角度分析,个体的"素养"是经过后天培养所达到的知识、技能、态度品质等在某一阶段相对稳定的水平。知识、技能和态度品质,有文献将其归纳为个体心理品质的总和[①];也有文献将其阐释为知识、能力和情意[②]。

已有研究中,有学者阐释了"素养"的涵义:"素养"是人的内在之物,是人们在先天遗传的条件下,经过环境的熏陶、教育的培养以及自身活动的历练,日积月累形成起来的基本稳定的内在心理品质,是关于知识、能力等智力因素与非智力因素之间和谐发展的结构,它可以通过人的外在行为表现出来。此外,该研究还进一步阐述了"素养"的形成过程和"素养"具有的性质。素养形成过程中的这样几个因素是富有特色的:以一定的素质为基础;接受时代精神引导;以最先进最科学的事物为追求目标;以修养为主要方法;以主动自觉探索为动力源泉;以贯穿始终的顽强意志为支柱;以社会理想的实现为物化目标。这几个因素相互联系、相互作用,使个人的素养不断呈现出新的境界。"素养"具有坚持性、综合性、风格性、色彩性、辐射性和文化性的特征。[③] 由此可以看出,该研究对"素养"的定义与从词源学角度分析的结果一致,并且有助于我们对"素养"进行更全面地认识和理解。

从"素养"的定义来看"教师素养",则专指教师这一特定的职业群体,经后天培养所形成的稳定的知识、技能、态度等心理品质的总和。具体可以分为两个方面,一是对教师素养的时代要求,即社会对教师这一职业群体应该具备怎样的知识、技能和态度等心理品质的期待或要求,这与"教师角色""教师专业化""教师专业标准"等概念密不可分;二是教师素养的现实状况,指的是教师群体某个阶段在知识、技能、态度等品质方面所达到的水平。

1.2.1.2 教师角色与教师素养

"教师角色"首先来源于"角色"这一概念。有研究指出,"角色"本是戏剧界的

---

① 林崇德,申继亮,辛涛. 教师素质的构成及其培养途径[J]. 中国教育学刊,1996(6):16-20.
② 教育部师范教育司. 教师专业化的理论与实践[M]北京:人民教育出版社,2003:54-55.
③ 于光远,陈保平. 教师素养新论[M]兰州:兰州大学出版社,2001:167-169.

名词,指演员所扮演的戏剧中的人物。20世纪30年代开始,这一名词被引入社会学研究中,用以分析社会关系和社会结构,"角色"已逐渐成为社会科学界,尤其是社会学、心理学、政治学以及教育学用以分析社会现象的重要概念和视角。"角色"的视角和理论,都建立在"角色的期望表现(剧中人物)"与"角色扮演"之间张力的基础上。[①]

对于"教师角色"而言,"教师"作为社会分工的一种,处于复杂的社会关系之中,这种社会关系会对"教师"的"期望表现"做出规定;但承担"教师"工作的(或扮演这一角色的)又毕竟是具体的社会个体,个体要"扮演"好"教师"这个角色,或按照"教师"的社会规定做出相应的行为,需要具有特定的心理的甚至生理的特质(或谓"素养")。这两者之间的张力,就构成探讨角色问题的基本前提。因而基于"教师角色"的视角和理论对"教师素养"进行研究,意味着从"教师角色的期望表现"演绎出社会发展对教师素养的规定和要求,而"教师的角色扮演",则是教师以怎样的内在素养在回应这些期望,两者之间的张力,构成了研究问题的意义所在。因此"教师角色"的视角和理论提供了研究"教师素养"一种重要的研究思路。特别是,对教师所应具备的素养的研究,可以看作是对"教师角色的期望表现",可以从历史发展的角度进行审视。

1.2.1.3 教师专业化与教师素养

培格曼公司出版的《国际教学与教师教育百科全书》(*The International Encyclopedia of Teaching and Teacher Education*)对"教师专业化"有专门的论述:教师专业化是职业专业化的一种类型,是指教师个人成为教学专业的成员并且在教学中具有越来越成熟的作用这样一个转变过程。[②] 对"教师专业化"的理解,首先离不开对"专业"概念的理解。

1970年,美国社会学家H. S. 贝克尔对"专业"进行了界定,他认为"专业"是由群体共同认可的一套观念或者内在相关的特征所反映出来的整体性标志。这一界定表明了,"专业"中的成员是具有共同的整体性特征的,并且这些特征有别于其他

---

① 翁朱华. 远程教育教师角色与素养研究[D]. 上海:华东师范大学,2003:12-13.
② DUNKIN M J. The international encyclopedia of teaching and teacher education[M]. Oxford: Pergamon Press, 1987.

"专业"。① 福隆(Furlong)等认为,知识、自治和责任,是"专业"的三个核心特质,②有学者对这三个核心特质做了进一步的阐释,即有一套共享的专业知识或技术文化,有一种专业自主权和有一套专业伦理或服务理想。其中,共享的专业知识技术是基础和核心,美国学者艾伯特对此指出,技术能力换来技术自主权,职业群体向上获取专业地位必须掌握非门外汉所能够获得的高度专业知识,并且重视完成某种工作的能力。③ 由此看出,"专业"的存在,依赖于专业成员所具备的高度专业的知识和完成该工作的能力,一项职业要成为"专业",离不开高度专门的知识和能力,且具有不可替代性。专业自主权,有学者阐释为,指专业人员在本专业内具有权威性,有较高水平的专业判断和决策能力。换句话说,"专业"性要求专业事项应当由本专业内的人士来决定。专业责任紧密围绕专业的目的,即持续地改善造福于客户的实践能力。

教师这一职业,并非一开始就被认为是"专业"的职业,直到 1966 年,联合国教科文组织(UNESCO)在巴黎召开的一次会议上发表《关于教师地位的建议》,明确指出"教育工作应被视为一种专业。这种专业要求教师经过严格且持续不断地研究,才能获得并维持专业知识和专门技能,从而提供公共服务;教育工作还要求教师对其教导之学生的教育和福祉具有个人的和共同的责任感。"④才是第一次对各国教师地位给予的专业认可。至此,教师职业被认为是一个专业性职业,逐渐成为国际教育界的共识。因此,要充分认识教师职业的"专业"性,离不开对"专业化"概念的理解。

我国教育部师范司组织编写的《教师专业化的理论与实践》一书中,对"专业化"进行了如下界定:"专业化是一个社会学概念,其含义是指一个普通的职业群体在一定时期内,逐渐符合专业标准、成为专门职业并获得相应的专业地位的过程"。⑤ 这一阐释中,"专业标准"是关键词,即"专业化"的前提是,要具备"专业标

---

① 米靖. 论职业教育教师的专业化及其要求[J]. 职教通讯,2010(9):25-31.
② J FURLONG, L BARTON, S MILES, et al. Teacher Education in Transition[M]. Buckingham: Open University Press, 2000.
③ D F LABREE. Power, Knowledge and the Rationalization of Teaching: A Genealogy of the Movement to Professionalism in Teaching[J]. Harvard Educational Review, 1992:195.
④ 操太圣,卢乃桂. 伙伴协作与教师赋权——教师专业发展新视角[M]. 北京:教育科学出版社,2007:20.
⑤ 教育部师范教育司. 教师专业化的理论与实践[M]. 北京:人民教育出版社,2003:45.

准"。有学者进一步指出,它关注的是从事职业的人所应具备的能力结构。进一步地,"教师专业化"是指一个人在接受专业教师教育之后,具备作为一名教师的基本素质,并在整个职业生涯中,通过终身专业训练,获得教育专业知识技能,实施专业自主,表现专业道德,并逐步提高自身从教素质,成为一个良好的教育专业工作者的专业成长过程,也就是一个人从"普通人"变成"教育者"的专业发展过程。① 由此可以看出,"教师专业化"与"教师素养"是密切相关的,"教师专业化"蕴含了对"教师素养"的要求,"教师素养"也必然要体现教师职业的"专业"标志。因此,研究"教师素养",可以从"教师专业化"的内涵、"教师专业标准"中获得理论源泉。

霍利(Holey)指出,教师专业化包含两方面的内容:一是关注一门职业成为专门职业并获得应有的专业地位的过程;二是关注教学的品质、职业内部的合作方式,教学人员如何将其知识技能和工作职责结合起来,整合到同事关系以及与其服务对象的契约和伦理关系所形成的情景中。② 其中,第一条是从社会学的角度来看"专业化"与"专业地位"之间的关系;从教育学的角度来看,教师专业化包括,教师的教学的品质、与人合作的方式、工作责任等方面。《教师专业化发展与策略》一书中指出,教师专业化包含四个方面的含义。

(1) 教师专业既包括学科专业性,也包括教育专业性,国家对教师任职既有规定的学历标准,也有必要的教育知识、教育能力和职业道德的要求。

(2) 国家有教师教育的专门机构、专业教育内容和措施。

(3) 专业人员具有不可替代性,因此,国家对教师资格有认定制度和管理制度。

(4) 教师职业发展是一个持续不断的过程,教师专业化也是一个发展的概念,既是一种状态,又是一个不断深化的过程,因此,教师必须经过长期的训练,并不断地在职进修;专业工作具有社会发展不可缺少的功能,是为社会大多数人提供服务的,因此教师职业必须强调服务精神和职业道德。③

---

① 郑秀英.职业教育教师专业化问题研究[D].天津:天津大学.2010:11-12.
② 刘捷.专业化:挑战21世纪的教师[M].北京:教育科学出版社,2002:56.
③ 孟宪乐.教师专业化发展与策略[M].北京:中国文史出版社,2005:13-15.

上述四方面的含义，有些是关于"教师专业化"中专门的培训和管理制度的，从对教师素养提出要求的角度来看，"教师专业化"包括，教师学科专业性和教育专业性，即教师需具备专业的学科知识和教育知识，还应具备教育能力、职业道德，其中特别强调服务精神，这又与"专业化"的目的相契合。特别一提的是，有研究指出，普通教师专业化的内涵与职教教师专业化的内涵是不尽相同的，职教教师有其特殊性。因此"教师专业化"的内涵一方面有其作为教师群体的共同特征，另一方面还有作为不同类型教师群体的特点。

此外，教师专业发展和教师专业标准是与教师专业化密切相关的两个概念。关于教师专业发展，已有研究对它的界定主要从教师的专业成长过程、专业发展途径和专业发展结果三个方面来阐述。例如，卡罗尔·J·布兰德(Carole J. Bland)认为教师专业发展的过程，是改善教师的态度、技能和行为，使之能更好地满足学生的需要、教师自身的需要以及学校的需要。[①] 该定义既包含了教师的专业成长过程，通过改善教师的态度、技能和行为来实现专业发展；又包含了教师专业发展的结果，即能够满足学生、教师自身以及学校的需要。又如，佩里(Perry P.)认为，教师专业发展意味着教师个人在专业生活的成长，包括信心的增强、技能的提高、所任教学科知识的不断更新拓宽和深化以及对自己在课堂上这样做的原因意识的强化。该定义则侧重于教师专业发展的结果，包括信心的增强、技能的提高、所任教学科知识的更新拓宽和深化以及对自身教学行为反思能力的提高。再如，美国学者Fuller将教师的专业成长划分为四个阶段：教学前关注阶段—早期生存关注阶段—教学关注阶段—关注学生阶段。他认为"一个专业教师的成长是经由关注自身、关注教学任务，最后才关注学生的学习以及自身对学生的影响，这样的发展阶段而逐渐递进的"。[②] 最后，关于教师专业发展的实现途径，王立国认为，教师专业发展是职前教育、上岗适应和在职进修提高的一体化的过程。[③] 郑秀英对职教教师专业发展的实现途径也做了阐述，她认为，要完善职教教师培养培训体系，促

[①] BLAND C J. Faculty development through workshops[M]. Springfield, Illinois: Charles C Thomas Pub Ltd, 1980.

[②] LYNDA F, PATRICIA P. 教师新概念教师教育理论与实践[M]. 王建平，等，译. 北京：中国轻工业出版社，2002：26-30.

[③] 王立国. 基于教师专业发展的教师素质标准研究[D]. 兰州：西北师范大学，2007：13.

进"双师型"教师专业化发展,并指出职业教育教师的职前培养、入职培训、职后提高要走向一体化道路,将教师专业发展推进到终身化阶段。① 由上述对"教师专业发展"概念的分析可以看出,教师专业发展的结果为教师素养的结构指明了方向;教师专业成长的过程,特别是专业发展的阶段性为教师素养现实状况的研究提供了理论依据;教师专业发展的途径则为教师素养的提升提供了方法与策略。

"教师专业标准"中的"标准"(standard),在韦氏词典(Merriam-Webster)中的解释为:"something set up and established by authority as a rule for measure of quantity, weight, extent, value or quality."②即由专家确定的用于测量事物的数量、重量、程度,或者人的品质、特性和才能的尺度。因此,"教师专业标准"是反映教师个体是否具备专业性特征的系统、精确的规定,它是可以量化的,可用于测量的。因此,参照"教师专业标准"是深入研究"教师素养"的必由之路。

1.2.1.4　教师素质与教师素养

要对"教师素质"与"教师素养"这两个概念进行辨析,首先离不开对"素质"和"素养"这两个概念的分析。"素质"一词在《辞海》中解释为"人的先天的生理解剖特点,主要是感觉器官和神经系统方面的特点。"③已有研究认为,该解释是对"素质"狭义的理解,广义的理解应该包括,人的自然素质和社会素质两个方面,即"素质"是指在先天禀赋的基础上,通过环境和教育的影响所形成和发展起来的相对稳定的身心组织的要素、结构及其质量水平。④ 对照本研究之前对"素养"的定义阐释,研究者认为,"素养"侧重于个体的心理品质,"素质"较"素养"所涵盖的内容更广,包括生理和心理的特质,既强调后天培养,又强调先天的基础。

在此基础上来分析"教师素质"和"教师素养",有理由认为,"教师素质"中对教师的知识、能力、态度、信念等心理品质的研究成果,可以作为研究"教师素养"的合理借鉴,这可以从对"教师素质"的已有定义中得到印证。例如,王洪明认为,"教师素质是教师稳固的职业品质,它是以人的先天禀赋为基础,通过科学教育和自我提

---

① 郑秀英,周志刚."双师型"教师:职教教师专业化的发展目标[J].中国职业技术教育,2010(27):75-78.
② 引自 https://www.merriam-webster.com/dictionary/standard.
③ 夏征农,陈至立.辞海(缩印本)[M].上海:上海辞书出版社,2010.
④ 王立国.基于教师专业发展的教师素质标准研究[D].兰州:西北师范大学,2007.

高而形成的有一定时代特征的思想、知识、能力等方面的身心特征和职业修养。"①郑燕祥认为,教师素质是"教师拥有和带往教育情境的知识、能力和信念的集合,它是在教师具有优良的先存特性的基础上经过正确而严格的教师教育所获得的"。②林崇德根据理论研究和实验研究的结果提出,所谓教师素质,就是教师在教育教学活动中表现出来的,决定其教育教学效果,对学生身心发展有直接而显著影响的心理品质的总和。③ 值得一提的是,关于教师素质的构成,已有非常多的研究成果,这对于教师素养的结构分析有很大的借鉴价值。

1.2.1.5 学生素养与教师素养

在"教师专业化"的概念中曾提到,"专业"的目的在于持续地改善造福于客户的实践能力。有研究明确地指出,教师的专业发展必须以提高促进学生专业发展的艺术为旨归。④ 因此,教师的素养应当是围绕学生的素养而被提出的,也就是我们通俗所说的,学生要有怎样的素养,教师就必须具备培养学生这些素养的能力。

目前有一些研究是按照这样的思路来探讨教师的素养问题。例如,李星云从小学生数学核心素养培养的视角对小学数学教师的课程建设进行了深层次的审视与思考,提出了基于数学核心素养的小学数学教师课程体系建构的若干建议。⑤又如,米靖从社会对从业者的要求角度建构新型的职教教师的专业能力结构。他指出,当代社会经济和产业的发展,要求从业者具备宽泛的知识基础,核心的技能,高层次的思维技巧,批判反思能力,自我学习的能力和习惯。由此反映到教师能力结构上,要求教师具备指导与咨询的知识与能力、教学专长、社会和交往能力、研究和发展能力以及自我发展能力。⑥ 由此可见,对学生素养的要求,需在教师的素养中得到某种回应。

关于学生的素养,教育部《关于全面深化课程改革落实立德树人根本任务的意见》明确指出:"研究提出各学段学生发展核心素养体系,明确学生应具备的适应终

---

① 王洪明.教师素质的构成及培养[J].教育探索,2001(8):82-83.
② 郑燕祥.教育的功能与效能[M].香港:广角镜出版社有限公司,1986:122-123.
③ 林崇德,申继亮,辛涛.教师素质的构成及其培养途径[J].中国教育学刊,1996(6):16-22.
④ 朱新生,施步洲,庄西真,等.职教教师专业化内涵及培养体系建构[J].职业技术教育,2011(32):50-54.
⑤ 李星云.基于数学核心素养的小学数学教师课程体系建构[J].教育理论与实践,2016(36):45-48.
⑥ 米靖.论职业教育教师的专业化及其要求[J].职教通讯,2010(9):28-31.

身发展和社会发展需要的必备品格和关键能力。"由此"学生核心素养"在一般意义上的定义为：学生所具备的适应终身发展和社会发展需要的必备品格和关键能力。进一步，研究提出学生在各学科意义上的核心素养的具体内涵，就学生的数学核心素养而言，高中阶段数学核心素养包括六种能力：数学抽象、逻辑推理、数学建模、直观想象、数学运算和数据分析。① 国外也有关于学生核心素养的诸多研究。就一般意义上的定义而言，2002年3月，欧盟理事会在发布的一份报告中提出"核心素养(key competences)"的内涵："核心素养代表了一系列知识、技能和态度的集合，它们是可迁移的、多功能的，这些素养是每个人发展自我、融入社会及胜任工作所必需的。"针对学生核心素养的具体内涵，不同国家提出了不同的组成要素，有不同的侧重。就对技术技能型人才的培养而言，如英国工业联盟、教育与就业部以及资格与课程署共同认可了六种核心技能：沟通技能(communication)、数字的运用(application of number)、信息技术(information and communication technology)、与他人合作(working with others)、提高学习能力与增进绩效(improving own learning and performance)、解决问题(problem solving)。其中，前三种核心能力通常被强制性地应用于高校的通识课程中；后三种则属于"更加广泛的"核心能力，融入教学的各个方面。美国则强调既有技术能力的要求，又有较高的非技术能力的要求，要求当代工科毕业生应具备较强的沟通交流、团队合作、灵活应变、信息处理等非技术能力。德国将"关键能力"融入培养目标，根据技术的最新发展，专业学习致力于传授分析问题、借助于合适手段解决问题的基本方法。另外，该专业学习还传授成功的职业生涯所必需的社会、生态和跨学科能力。② 由此可见，关于学生的核心素养，无论从一般意义上还是它的具体内涵，目前都已有较为明确的定义和研究成果。从学生的核心素养角度来研究教师核心素养的结构，有理由认为，是一种可行的研究思路。

综上所述，本研究的主要概念之一"教师核心素养"指的是，教师胜任工作所必须具备的知识、技能、态度等心理品质的总和，它是教师"专业化"的标志。

1.2.2 "高等职业院校"概念的界定

我国高等职业院校提供的是高等职业专科教育，它属于高等职业教育类型，专

---

① 中华人民共和国教育部. 普通高中数学课程标准[M]. 北京：人民教育出版社，2020.
② 李晓军. 核心素养：技术本科院校通识教育的新走向[J]. 教育发展研究，2014，34(17)：65-70.

科层次。联合国教科文组织1997年修订的《国际教育标准分类》(International Standard Classification of Education,简称ISCED)中提到,按照教育等级和教育计划定向的交叉分类,整个教育体系共分7个等级,A、B、C三种类型。其中关于第三级教育(高等教育)的分类,根据人才培养职能将高等教育分为5A和5B两类,5A类是理论学术性教育,5B类是实用技术性教育。5B类的内涵是:课程内容是面向实际的,是分具体职业的,主要目的是让学生获得从事某个职业或行业,或某类职业或行业所需的能力与资格。我国高等职业院校属于5B类,即高等职业教育。[①] 有研究进一步对高等职业教育与高等教育之间的关系进行了概括:高等职业教育是高等教育的一种类型,以培养高级应用型人才为目标,其本质属性是高等性与应用性的结合。在我国教育体系中,高等职业院校和应用技术本科院校同属于高等职业教育类型。[②] 它们的差别在于"专科"与"本科"办学层次的差异,高等职业院校是专科层次,而应用技术本科院校是本科层次。

要理解高等职业院校的特点,离不开对高等职业教育的理解。《中国教育百科全书》中关于高等职业教育的定义是:培养高级实践应用型人才的教育,属高等教育范畴,职业技术教育的高等层次。[③] 所以高等职业教育,首先是属于职业教育,其次是职业教育的高等层次。那么,什么是职业教育,它具有怎样的功能?《中国大百科全书·教育》中指出,从教育目的和教育内容来看,职业教育是"给予学生从事某种职业或生产劳动所需要的知识和技能的教育。"[④]在《国家中长期教育改革的发展规划纲要(2010—2020年)》中则指出,职业教育要面向人人、面向社会,着力培养学生的职业道德、职业技能和就业创业能力。因此,职业教育的功能目标是为社会培养高素质劳动者和技能型人才。

高等职业教育在职业教育中处于高等层次,是相对于初等职业教育和中等职业教育而言的。初等职业教育是通过初等职业学校开展实用技术技能培训,使学习者获得基本的工作和生活技能。中等职业教育是为初高中毕业生开展基础性的

[①] 徐雄伟.上海市民办高校教师专业发展现状与实证研究[D].上海:上海师范大学,2015:49.
[②] 中华人民共和国教育部,国家发展改革委,财政部,等.现代职业教育体系建设规划(2014—2020年)[R].2014.
[③] 张念宏.中国教育百科全书[M].北京:海洋出版社,1991:92.
[④] 中国大百科全书出版社编辑部.中国大百科全书·教育[M].北京:中国大百科全书出版社,1985:520.

知识、技术和技能教育,培养技能人才。高等职业教育是招收中等职业技术学校的毕业生、普通高中毕业生及具有相应文化水平和实践经验的中级技术人才,学制为2～3年,少数招收初中毕业生,学制5年。高等职业教育为社会培养高素质技术技能型人才。①

为了更全面地理解高等职业教育,有必要从整个教育体系中来看,特别是在现代职业教育体系的建设中,更加注重职业教育与普通教育的融通。《现代职业教育体系建设规划(2014—2020年)》中指出:"统筹职业教育和普通教育、继续教育发展,建立学分积累和转换制度,畅通人才成长通道。"因此可以认为,职业教育除肩负了"职业"的主要功能外,还承担了"学术"的功能,即提供与普通教育互通的课程教育,特别是公共基础课程。在现代教育体系中,高等职业教育与普通教育中的普通本科教育,甚至是学术学位研究生教育互通。这也反映了世界趋势。在美国,"职业教育"自20世纪末以来逐渐被"生涯与技术教育"(Career and Technical Education)所代替,它能为所有年龄段的学生提供必要的知识、学术和技术技能培训,帮助他们在未来的生涯发展中获得成功,并成为一名终身学习者。② 美国提供高等职业教育的主要是社区学院,类似于我国的高等职业院校。学生在社区学院完成学业后,可选择升入四年制本科院校继续学习,或者选择直接就业,学生在社区学院所修课程的学分可与四年制大学通用。因此,美国社区学院的功能,一是职业教育,二是转学教育。如《以最快速度建立一个社区学院——以中弗吉尼亚社区学院为例》的研究中,介绍了中弗吉尼亚社区学院的现状,强调了"学生在写作和数学方面的欠缺,希望通过课程改革提高写作和数学成绩,以便更多的学生进入四年制大学或更快达到工作岗位要求的标准"。③

本研究中所指的"高等职业院校"(简称"高职院校")是提供专科层次的高等职业教育的学院。

1.2.3 "高职院校数学教师"及相关概念之辨析

高职院校数学教师,指的是在我国高职院校教授数学课程的个体。目前,我国

---

① 石伟平.比较高等职业教育:发展与变革[M].上海:上海教育出版社,2006:16.
② 葛道凯.美国生涯与技术教育调研报告[J].中国职业技术教育,2016(1):23-29.
③ LANA V, KEVIN R. Building a Community on the Fast Track: ENG. 09/111 at Central Virginia Community College(CVCC) as a Tier C Model[J]. The Journal of the Virginia Community College, 2012,17(11):17-25.

高职院校数学教师的基本入职条件为：数学领域的硕士或博士学位，不要求完成教育课程，如具体的与所教学科相关的教育课程或者是有关职业教育的课程。这与美国社区学院的教师入职条件相仿。有研究指出，社区学院的职教教师不要求持有教师资格证，也不需要完成大学职教教师教育课程，大多数社区学院只要求教师持有所教科目的相关硕士学位（至少是本科学位）。[①]

有学者在论及高校教师的教育专业化问题中提出，教师的职业构成为双专业，即所从事专业和教育专业，具有学科专业性和职业专业性的双重属性，对教师而言，职业专业性的实质是教育专业性。学科专业性解决"教什么"的问题，教育专业性解决"怎么教"的问题。[②] 依循该角度对高职院校数学教师进行审视，可以发现，高职院校数学教师同属于两个教师群体范畴，或者可以说，是处于两个"专业"体系之中。一是职教教师，更准确而言是高职院校的教师，该群体的"专业"是职教教育；另一是数学教师，其"专业"是数学教育。因此要深入理解高职院校数学教师这一群体，需要对两组概念进行辨析，一是高职院校教师与高职院校数学教师，二是数学教师与高职院校数学教师。

1.2.3.1 高职院校教师与高职院校数学教师

一般情况下，高职院校教师就所教科目的性质而言，可以分为高职院校专业课教师和高职院校公共基础课教师。高职院校数学教师属于高职院校公共基础课教师，高职院校的公共基础课教师承担着对学生文化素质、科学素养、综合职业能力和可持续发展能力的培养，为学生实现更高质量就业和职业生涯更好发展奠定基础的教育功能。[③] 由此可见，就培养目标而言，这对高职院校的公共基础课教师提出了两方面的要求：第一，为学生实现高质量就业奠定基础，体现公共基础课为专业服务的特征。第二，致力于对学生文化素质、科学素养、综合职业能力和可持续发展能力的培养，体现公共基础课为学生终身发展服务的特征。这两方面的目标定位，与职业教育与普通教育互相贯通的教育体系设置是一致的。高职院校公共基础课的目标定位，对高职院校公共基础课教师的素养也就相应地提出了要求。

---

① 汤霓.英、美、德三国职业教育师资培养的比较研究[D].上海：华东师范大学，2016：18.
② 袁祖望.论高校教师的教育专业化[J].辽宁教育研究，2006(4)：67-69.
③ 中华人民共和国教育部.关于深化职业教育教学改革 全面提高人才培养质量的若干意见[EB/OL].http://www.moe.gov.cn/srcsite/A07/moe_953/201508/t20150817_200583.html.

具体到高职院校公共基础课教师中的数学教师,就凸显出数学学科的特殊性。

1.2.3.2 数学教师与高职院校数学教师

就教育类型而言,数学教师可以分为普通教育中的数学教师和职业教育中的数学教师,因此高职院校数学教师,是在职业教育中的数学教师,它必须体现职业教育的特点。但是无论是普通教育中的数学教师,还是职业教育中的数学教师,因为有相同的学科教育特征,所以又有着共通性,都承载着数学的教育功能。甚者,因为职业教育与普通教育相互贯通,数学教育是两者之间共同的部分,因此职业教育中的数学教育,与普通教育的数学教育不会是截然不同、相互断裂的,而应该是相互衔接的。

因此,本研究中的高职院校数学教师,是具备复合特征的群体,既具有承担职业教育的特征,又包含学科教育,即承担数学教育的特征。

1.3 研究问题的提出

本研究的主要问题在于"高职院校数学教师核心素养的结构是怎样的?"因此,必然需要关照以下几方面的具体问题:

(1) 从职业教育变革和未来发展趋势看,高职院校数学教师应当扮演怎样的角色,才能符合社会对人才培养的要求?

(2) 对高职院校数学教师的角色期待如何反映到高职院校数学教师核心素养结构中,它包含哪些核心素养?其维度、因素和要义是什么?

(3) 高职院校数学教师核心素养量表是否具有建构效度,即研究所建构的高职院校数学教师核心素养结构能否反应所要测量的心理特质,到何种程度?量表是否具有内部一致性和稳定性?

(4) 高职院校数学教师对于核心素养的认知是何状态,他们的群体差异如何?

第 2 章 研究综述

2.1 高职院校数学教师角色及素养的相关研究

2.1.1 国家政策角度的相关观点

国家有关职业教育的文件制度,规定了现阶段我国职业教育的发展方向;对高职院校数学教师核心素养的研究,首要的是理清楚我国国家文件对其提出的相关要求。因此本研究梳理了从 2000 年至今,由国家颁布的我国关于职业教育的文件制度,从中针对本研究的主要及其相关概念,厘清国家提出的要求。

本研究共梳理《国务院关于大力发展职业教育的决定》等 11 个文件,文件基本信息如表 2.1 所示。表中 1-10 个文件提出了我国职业教育的发展方向与要求,对现阶段我国职业教育的发展产生重大影响;第 11 个文件专门针对提高职业院校教师素质提出相关要求,与本研究直接相关,因此也作为文件来源之一。

表 2.1 本研究梳理文件基本信息一览表

序号	文件名称	发文机构	发文时间
1	《教育部关于加强高职高专教育人才培养工作的意见》	教育部	2000 年
2	《国务院关于大力推进职业教育改革与发展的决定》	国务院	2002 年
3	《教育部等七部门关于进一步加强职业教育工作的若干意见》	教育部等	2004 年
4	《国务院关于大力发展职业教育的决定》	国务院	2005 年
5	《教育部关于全面提高高等职业教育教学质量的若干意见》	教育部	2006 年
6	《国务院国家中长期教育改革和发展规划纲要(2010—2020 年)》	国务院	2010 年
7	《教育部关于推进高等职业教育改革创新 引领职业教育科学发展的若干意见》	教育部	2011 年
8	《国务院关于加快发展现代职业教育的决定》	国务院	2014 年
9	《教育部关于深化职业教育教学改革 全面提高人才培养质量的若干意见》	教育部	2015 年
10	《高等职业教育创新发展行动计划(2015—2018 年)》	教育部	2015 年
11	《教育部 财政部关于实施职业院校教师素质提高计划(2017—2020 年)的意见》	教育部 财政部	2016 年

需要指出的是,文件中并没有直接提到关于高职院校数学教师的内容,因此以下将围绕本研究的相关概念:职业教育的公共基础课、职业教育的教师素养、职业教育的学生素养等进行梳理,以对本研究有所启发。将文件中相关内容以"关键词"的形式整理后如表 2.2 所示,其中"关键词"是对文件内容的归纳,"频数"是在文件中被提及的次数,"具体表述"是文件内容本身,"说明"是笔者对文件内容的理解与阐释,"出处"是文件来源。"关键词"的顺序以"频数"由多到少递减排列。

表 2.2 文件关键词梳理汇总表

序号	关键词	频数	具体表述	说明	出处
1	素质教育	7	职业教育要认真贯彻党的教育方针，全面实施素质教育。要加强"爱岗敬业、诚实守信、办事公道、服务群众、奉献社会"的职业道德教育，加强文化基础教育、职业能力教育和身心健康教育，注重培养受教育者的专业技能、钻研精神、务实精神、创新精神和创业能力，培养一大批生产、服务第一线的高素质劳动者和实用人才	明确了高职的高等教育属性，并且从国家层面对高职院校实践中技术和就业至上、忽视学生综合素质能力提升的人才培养逻辑进行了审视和重新定位，为高职文化素质教育的大力开展奠定了基础	《国务院关于大力推进职业教育改革与发展的决定》国发〔2002〕16号
			全面实施素质教育，加强学生思想道德建设。深入开展中华传统美德和革命传统教育，不断培育青少年学生的爱国情感和民族精神。努力把职业道德培养和职业能力培养紧密结合起来，培养学生爱岗敬业、诚实守信、办事公道、服务群众、奉献社会的精神和严谨求实的作风	进一步明确了职业教育素质教育的内涵，把素质教育作为职业教育、高等职业院校发展的战略方针	《关于进一步加强职业教育工作的若干意见》教职成〔2004〕12号
			加强素质教育，强化职业道德，明确培养目标。高等职业院校要坚持育人为本，德育为先，把立德树人作为根本任务	明确高职院校立德树人的根本任务，强调素质教育、职业道德教育的重要性	《教育部关于全面提高高等职业教育教学质量的若干意见》教高〔2006〕16号
			坚持以人为本、全面实施素质教育是教育改革发展的战略主题。一是坚持德育为先，把立德树人作为教育的根本任务。二是坚持能力为重，着力提高学生的学习能力、实践能力和创新能力。三是坚持全面发展，坚持文化知识学习与思想品德修养的统一、理论学习与社会实践的统一、全面发展与个性发展的统一	规定了素质教育是教育的战略任务和素质教育新的内涵	《国家中长期教育改革和发展规划纲要（2010—2020年）》
			高等职业教育具有高等教育和职业教育双重属性，以培养生产、建设、服务、管理第一线的高端技能型专门人才为主要任务	明确了高职的双重属性，为高职的素质教育特征提供了理论依据	《教育部关于推进高等职业教育改革创新 引领职业教育科学发展的若干意见》教职成〔2011〕12号
			树立全面培养、系统培养、多样化成才、终身学习的观念，全面实施素质教育	明确了素质教育面向全体学生、促进学生全面发展的内涵	《国务院关于加快发展现代职业教育的决定》国发〔2014〕19号

第 2 章　研究综述 | 023

续表

序号	关键词	频数	具体表述	说明	出处
2	人文素养教育、文化素质教育	4	以增强学生就业创业能力为核心,加强思想道德、人文素养教育和技术技能培养,全面提高人才培养质量	规定了职业教育的三大育人功能:思想道德教育、人文素养教育及技术技能培养	《教育部关于深化职业教育教学改革 全面提高人才培养质量的若干意见》教职成〔2015〕6号
			发挥人文学科的独特育人优势,加强公共基础课与专业课间的相互融通和配合,注重学生文化素质、科学素养、综合职业能力和可持续发展能力培养,为学生实现更高质量就业和职业生涯更好发展奠定基础	提出了职业教育中文化基础教育的培养目标及与专业教育之间的关系	
			促进职业技能培养与职业精神养成相融合:加强文化素质教育,坚持知识学习、技能培养与品德修养相统一,将人文素养和职业素质教育纳入人才培养方案,加强文化艺术类课程建设,完善人格修养,培育学生诚实守信、崇尚科学、追求真理的思想观念[①]	阐明了职业教育中文化素质教育的功能,明确人文素养教育的必备位置	《高等职业教育创新发展行动计划(2015—2018年)》
			加强革命传统、优秀文化传统和人文素养教育,重视体育、艺术教育。广泛开展民族团结教育	明确了人文素养教育是素质教育的重要组成部分	《国务院关于加快发展现代职业教育的决定》国发〔2014〕19号
3	教师的信息素养	3	提升信息化教学能力:不断提高教师的信息素养。组织和支持教师和教研人员开展对教育教学信息化的研究。继续办好信息化教学大赛,推进信息技术在教学中的广泛应用。要积极推动信息技术环境中教师角色、教育理念、教学观念、教学内容、教学方法以及教学评价等方面的变革[②]	提出了对职业教育教师信息素养的要求,具体在研究、实践、观念三方面的体现	《教育部关于深化职业教育教学改革 全面提高人才培养质量的若干意见》教职成〔2015〕6号
			全面提升教师信息化教学能力、教材开发能力,促进信息技术与教育教学融合创新发展[③]	教师培训的内容反映了对教师素养的要求	《教育部 财政部关于实施职业院校教师素质提高计划(2021—2025年)的通知》教师函〔2021〕6号

---

① 教育部.高等职业教育创新发展行动计划(2015—2018年)[EB/OL]. http://www.moe.edu.cn/srcsite/A07/moe_737/s3876_cxfz/201511/t20151102_216985.html,2015(9).

② 教育部.关于深化职业教育教学改革 全面提高人才培养质量的若干意见[EB/OL]. http://www.moe.edu.cn/srcsite/A07/moe_953/201508/t20150817_200583.html,2015(6).

③ 教育部 财政部.关于实施职业院校教师素质提高计划(2021—2025年)的通知[EB/OL].

续表

序号	关键词	频数	具体表述	说明	出处
3	教师的信息素养	3	将现代信息技术应用能力作为教师评聘考核的重要标准[①]	明确了现代信息技术应用能力是职业教育教师专业标准中的重要内容	《国务院关于加快发展现代职业教育的决定》国发〔2014〕19号
4	师德	3	加快建成一支师德高尚、素质优良、技艺精湛、结构合理、专兼结合的高素质专业化的"双师型"教师队伍	指出了"师德"是教师素质的首要组成部分	《教育部 财政部关于实施职业院校教师素质提高计划(2021—2025年)的通知》教师函〔2021〕6号
			将师德素养、工匠精神、"双创"教育、信息技术等列入培训必修内容		
			加强教师的师德养成、专业知识更新、实践技能积累和教学能力提升		
5	教师素质(素养)	3	加强教师的师德养成、专业知识更新、实践技能积累和教学能力提升	提出了提升职业教育教师素质的七个方面,包括师德、专业知识、实践技能、教学能力、教育理念、研究能力和管理能力	《教育部 财政部关于实施职业院校教师素质提高计划(2021—2025年)的通知》教师函〔2021〕6号
			帮助教师更新教育理念,提升教学能力、研究能力和管理能力,解决教育教学中的实际问题[②]		
			提高职业院校科研能力和教学水平,完善教育科研和教学成果奖励制度,用优秀成果引领职业教育改革创新[③]		《国务院关于加快发展现代职业教育的决定》国发〔2014〕19号
6	学生素质(素养)	3	注重学生文化素质、科学素养、综合职业能力和可持续发展能力培养	指出了职业院校学生的素养包括:职业道德、职业素养、科学素养、人文素养、技术技能水平	《教育部关于深化职业教育教学改革 全面提高人才培养质量的若干意见》教职成〔2015〕6号
			把学生的职业道德、职业素养、技术技能水平、就业质量和创业能力作为衡量学校教学质量的重要指标		
			促进职业技能培养与职业精神养成相融合;加强文化素质教育,坚持知识学习、技能培养与品德修养相统一,将人文素养和职业素质教育纳入人才培养方案,加强文化艺术类课程建设,完善人格修养,培育学生诚实守信、崇尚科学、追求真理的思想观念		《高等职业教育创新发展行动计划(2015—2018年)》教职成〔2015〕9号

---

① 国务院.关于加快发展现代职业教育的决定[EB/OL].http://www.gov.cn/zhengce/content/2014-06/22/content_8901.htm,2014(19).

② 教育部,财政部.关于实施职业院校教师素质提高计划(2021—2025年)的意见[EB/OL].http://www.moe.edu.cn/srcsite/A10/s7011/201611/t20161115_288823.html,2016(10).

③ 国务院.关于加快发展现代职业教育的决定[EB/OL].http://www.gov.cn/zhengce/content/2014-06/22/content_8901.htm,2014(19).

续表

序号	关键词	频数	具体表述	说明	出处
7	教师专业化	2	加快建成一支师德高尚、素质优良、技艺精湛、结构合理、专兼结合的高素质专业化的"双师型"教师队伍	指出了高素质的教师队伍与教师专业化密不可分的关系	《教育部财政部关于实施职业院校教师素质提高计划（2021—2025年）的通知》教师函〔2021〕6号
			完善教师资格标准，实施教师专业标准	明确完善职业教育教师专业标准的举措	《国务院关于加快发展现代职业教育的决定》国发〔2014〕19号

从表2.2的梳理中可以推出以下五个方面的结论：

第一，职业教育实施素质教育的定位。所引文件中有7个文件都提到了职业教育、高等职业教育中实施素质教育的要求，已将素质教育作为国家教育的战略性任务，因此高职院校实施素质教育是毋庸置疑的。然而在此基础上，更为重要的是理解清楚高职院校素质教育的内涵，它与专业教育之间的关系，它区别于其他教育类型，如此才能为素质教育在高职院校的实施，为施行素质教育的专业群体——高职院校教师提供方向。首先，高职院校素质教育的应有之义包含两个方面，一是服务于社会需要的高素质技术技能型人才培养，立足于未来职业发展的能力需求是它的第一要义；二是服务于人的全面发展，围绕面向未来工作、生活的21世纪技能及核心素养是它的另一要义。这一结论一方面可从高职教育兼具高等教育和职业教育的双重属性中找到依据，另一方面可从对素质教育的描述上找到依据，职业教育的素质教育，始终是以适应社会经济发展，围绕社会主义现代化建设对人才的需求为主要任务，以全面提高学生的综合素质，使之具有更强的创新精神和适应社会变化的能力，提高学生的科学文化素养和道德精神素质为旨归。因此文件中涉及"素质教育"的论述都包含这两个方面，如"主动适应社会经济发展对高职高专教育的需要，全面推进素质教育""加强素质教育，明确培养目标"等等。因此职业教育的素质教育，区别于基础教育的特征在于它的"职业性"，它始终是以培养高素质技术技能人才需求为主线；区别于狭隘的"专业教育"，指的是以技术和就业至上、忽视学生综合素质能力提升的教育，在于它始终是以人的全面发展为最终目标。值得注意的是，这条主线与最终目标并不是割裂的，而且如果割裂开来，两者都是无法实现的。因为随着第四次工业革命的到来，科技的发展对未来职业所需要的能力提出更高要求，更重要的不是狭窄的某个专业的知识技能，而是解决复杂问题的能力、创新的能力、社会的能力和学习的能力等等，知识技能的更新速度太快，以至于学生只拥有学校所习得的知识技能，面对将来的工作可能已经面临被淘汰的风险。因此职业能力的培养需要以科学人文素养、综合职业能力和可持续发展能力的培养为坚实的基础。另一方面服务于人的全面发展的素质教育，在高职院校中，需要以职业能力的发展为载体，否则空泛的素养教育就缺少了抓手和方向，难以完成高职院校的教育使命。

第二，职业教育对"人文素养教育"的重视。所引文件中有3个文件共4处都专门提及了"人文素养教育"。文件中明确指出了职业教育的三大育人功能：思想道德教育、人文素养教育及技术技能培养，把人文素养教育与思想道德教育、技术技能教育放在了并列的位置，并且文件以专门的段落阐述"人文素养教育"的培养目标、教育功能以及与专业教育之间的关系。特别是，"人文素养教育"作为素质教育的重要组成部分，这并不是一开始就明确的，它经历了认识上的发展过程。2010年颁布的《国家中长期教育改革和发展规划纲要（2010—2020年）》中指出："职业教育要面向人人、面向社会，着力培养学生的职业道德、职业技能和就业创业能力。"2005年颁布的《国务院关于大力发展职业教育的决定》指出："把德育工作放在首位，全面推进素质教育。坚持育人为本，突出以诚信、敬业为重点的职业道德教育。"可见，文件并没有提到学生的人文素养以及学生的文化素质、科学素养对综合职业能力和可持续发展能力形成的作用，也并没有明确提出是素质教育的重要组成部分。但是，在2014年、2015年颁布的国家文件中，就专门明确地提出了"人文素养教育"。以数学文化为载体的高职院校数学教育，则体现了人文素养教育的价值。高职数学作为公共基础课，它应该通过与专业课相互融通、配合的方式，体现数学科学教育的价值。因此有理由认为，高职院校数学教师肩负着培养学生数学科学素养和数学人文素养的职责，是培养高职院校学生数学素养的专业人员。

第三，职业教育对"教师素养"的重视。除专门文件对提升教师素养进行了规定外，其他针对提高职业教育教学质量、发展职业教育等文件，都对职业教育教师的要求有所提及。在所引的6个文件中，"教师素养"（不包括具体某一项素养）总共出现了3次，还提出了提升职业教育教师素养七个方面的要求，包括师德、专业知识、实践技能、教学能力、教育理念、研究能力和管理能力。其中，特别对职业教育教师的"师德""信息素养"做出强调，"师德"和"教师信息素养"就各在文件中出现了3次。文件提出了对职业教育教师信息素养的要求,具体体现在教育研究、教育实践和教育观念三个方面,并且明确了现代信息技术应用能力纳入教师培训的内容以及教师专业标准、教师评聘的重要内容。关于"师德",文件中始终将其作为"教师素养"的首要条件,在《现代职业教育体系建设规划(2014—2020年)》文件中,进一步对职业教育教师"师德"的内涵进行了阐述:"加强职业教育教师队伍师德建设,增强教师从事职业教育的荣誉感和责任感。"这是紧密结合职业教育的特点对教师"师德"提出的具体要求。

第四,将"教师专业化"作为职业教育教师素质提升的重要内容。在所引文件中,有2处提及"教师专业化",一方面指出了高素质的教师队伍与教师专业化密不可分的关系,这与本研究概念界定中将"教师素养"与"教师专业化"相联系是一致的;另一方面明确了完善职业教育教师专业标准是教师专业化的必要举措。由此可以认为,构建职业教育教师素养的结构,离不开对教师专业标准的梳理与借鉴,这将是本研究文献综述的重要组成部分之一。

第五,对职业教育"学生素养"的全面认识。所谓全面认识,指的是职业教育"学生素养"重要的,或者说不可或缺的,也是高水平的实践能力和职业技能,但是除此之外,还需要包括职业道德、职业素养、人文素养和科学素养等等,这是在培养全面发展的人。这一认识是与国内外关于"核心素养"的研究一致的。有学者认为,"核心素养"是学生应具备的适应终身发展和社会发展需要的必备品格和关键能力,是人的教育,或者称作为了人的教育,这一教育哲学的现实反映。[①] 高职院校数学教育,一方面具有培养学生科学素养的功能,更确切而言,是学生的数学素养;另一方面具有培养学生人文素养的功能,即数学文化的价值。它是着眼于学生数学素养与人文素养的教育,并且着眼于学生综合职业能力和可持续发展能力的培养。

综上所述,一方面,国家文件对职业教育数学课程有了明确的功能定位,因此本研究可以视作为顺应国家教育改革,对高职院校数学教师角色职责的研究。另一方面,国家文件为职教教师素质提升提出的总体要求,也是对高职院校数学教师的素养要求。

2.1.2 数学教育角度的相关研究

2.1.2.1 关于数学核心素养的国内研究综述

从国家文件对职业教育数学课程功能定位的描述中可以推断,高职院校数学

---

① 薛晓阳.人的教育:一种社会哲学的考察[J].教育理论与实践,2006,26(1):1-5.

教师是高职院校学生数学素养的培养者。那么如何培养学生的数学素养，对教师提出怎样的要求，就成为本研究的重要探讨内容。

已有研究中，直接关于高职学生数学素养教育的文献只有一篇，但是对于基础教育阶段数学核心素养的讨论，目前已成为热点。有学者将2014年以来对数学学科的核心素养的研究称为"百家争鸣"，数学教育者们正在对数学核心素养的理解展开热烈探讨，这一时期成为数学核心素养研究经历了萌芽、酝酿、雏形之后的探索期，因此积累了丰富的研究成果。① 基础教育阶段与高职教育阶段，虽然在学生的心理发展角度存在不同的阶段特征，学科内容也有所不同，但是如果研究中所提出的观点，是从现代教育人才培养目标的需求、数学学科的本质出发，并没有涉及与学段相关的特殊因素，那么相应的观点对于本研究都是有借鉴价值的。因此本研究将2014年以来关于数学核心素养的主要研究做一综述，着眼于数学核心素养的教学及对教师要求的观点。

首先，谈数学核心素养的教学都是基于对数学核心素养内涵的理解与界定之上的，正如有学者提出的："要构建数学素养教育，必须厘清数学素养的内涵。"②聚焦于对数学核心素养内涵的研究，主要有以下两类观点。

第一，数学思想与数学素养的关系。比如，史宁中基于数学抽象、数学推理及数学建模三大基本思想与数学核心素养的关系提出："数学教育的终极目标是，一个人学习数学之后，即便这个人未来从事的工作和数学无关，也应当会用数学的眼光观察世界，会用数学的思维思考世界，会用数学的语言表达世界。所谓数学的眼光，本质就是抽象，抽象使得数学具有一般性；所谓数学的思维，本质就是推理，推理使得数学具有严谨性；所谓数学的语言，主要是数学模型，模型使得数学的应用具有广泛性。"③马云鹏提出："数学核心素养是数学基本思想在学习某一个或几个领域内容中的具体表现，数学思想方法则是体现如何从操作层面上实现数学核心素养和体现数学基本思想的方法或能力。"④曹培英认为："数学基本思想承载了独特的、鲜明的学科育人价值，可教、可学，是名副其实的学科核心素养。"⑤特别论述

---

① 孙成成，胡典顺.数学核心素养：历程、模型及发展路径[J].教育探索，2016(12)：27-30.
② 黄友初.学校教育中数学素养教育的构建[J].教师教育研究，2016(2)：86-90.
③ 史宁中.学科核心素养的培养与教学[J].中小学管理，2017(1)：35-36.
④ 马云鹏.关于数学核心素养的几个问题[J].课程·教材·教法，2015，35(9)：36-39.
⑤ 曹培英.从学科核心素养与学科育人价值看数学基本思想[J].课程·教材·教法，2015，35(9)：40-43.

了数学三大基本思想,抽象、推理和模型的学科育人价值和作为数学核心素养的表现。孙成成等则将数学核心素养构造成"魔方"的模型,在素养魔方中,数学基本思想被置于中心的位置,具体的数学素养则是魔方单独的面,以此显示数学基本思想是数学素养的本质体现。[①]

第二,从不同的角度提出数学素养的成分说。比如,马云鹏从数学核心素养的综合性角度指出,数学核心素养是数学基础知识、基本能力、数学思考和数学态度等的综合体现。[②] 张奠宙认为数学的核心素养分为"真、善、美"三个维度。"真"是指理解理性数学文明的文化价值,体会数学真理的严谨性和精确性;"善"是指用数学思想方法分析、解决实际问题的基本能力;"美"是指喜欢数学,热爱数学,并能够欣赏数学的智慧之美。[③] 蔡金法等从现代教育对人才培养的目标和数学的本质角度,提出数学交流、数学建模、数学智能计算思维、数学情感四个数学素养核心成分。[④] 黄友初概括了国内数学素养成分的不同观点后,指出数学素养的"生活说"逐渐成为共识,强调个体要在生活中有应用数学的意识,能认识到数学在现实世界中所起的作用,能在具体生活中析取有价值的数学信息,能合理运用数学知识和工具作出有根据的判断,并能用在交流中合理使用数学语言。[⑤] 此外,也有学者对数学能力的成分进行了研究,比如曹一鸣等从评价的角度提出数学学科能力不同水平的三种成分,由低到高分别是数学学习理解能力、数学实践应用能力和数学创新迁移能力。[⑥] 徐斌艳基于数学学习的本质在于让学生经历数学化的活动过程这一基本观点,提出学生应发展从数学的角度提出问题、数学表征与变换、数学推理与论证、数学建模、数学的问题解决和数学交流等六大数学学科核心能力。[⑦]

从以上两类观点,可以总结出数学素养的一些特点,这些特点将对教师如何培养学生的数学素养提供理论依据,同时也对教师的素养提出要求。主要体现在两

[①] 孙成成,胡典顺.数学核心素养:历程、模型及发展路径[J].教育探索,2016(12):27-30.
[②] 马云鹏.关于数学核心素养的几个问题[J].课程·教材·教法,2015,35(9):36-39.
[③] 洪燕君,周九诗,王尚志,等.《普通高中数学课程标准(修订稿)》的意见征询——访谈张奠宙先生[J].数学教育学报,2015(3):35-39.
[④] 蔡金法,徐斌艳.也论数学核心素养及其构建[J].全球教育展望,2016,45(11):3-12.
[⑤] 黄友初.我国数学素养研究分析[J].课程·教材·教法,2015,35(8):55-59.
[⑥] 曹一鸣,刘晓婷,郭衎.数学学科能力及其表现研究[J].教育学报,2016,12(4):73-78.
[⑦] 徐斌艳.数学学科核心能力研究[J].全球教育展望,2013(6):67-74.

个方面:(1)数学思想方法是数学素养培养的关键。多位学者共同强调数学思想方法对于数学素养的重要性,就是对于一般的学科素养而言,也有学者提出学科素养即为学科思维的观点。① 对于教师,有理由要求自身先具备数学思想方法的素养,其次要突出关于数学思想方法教学的素养。(2)不同学者基于不同角度提出了关于数学核心素养成分的丰富观点,虽然成分内容各异,但是其中不乏一些共性之处,对教学有指导意义。① 数学素养的教学不只是知识技能的教学,更重要的是关注学生的思考,即思维品质,并且学生对于数学的情感态度、价值倾向也是重要的关注方面。由此对于教师的教学提出了新的有挑战性的要求:如何引导学生思考,如何在评价中考察学生的思维能力。如何促进学生形成积极的数学情感,首先有理由认为,教师自身应有积极的数学情感素养,很难想象,一位恨数学的教师能教出喜欢数学的学生;其次如何从自身的数学情感,培养出学生对数学知识的认同感、信任感和审美能力。学生在数学学习中的好奇心、求知欲和喜悦感以及对从事数学活动者的亲近感,这将是教师素养中不可或缺的组成部分。② 数学素养注重数学的应用性,即在真实情境中的问题解决能力。这就要求教师自身具备数学应用的知识与能力,并且能创设合适的教学情境,引导学生在探究中积累问题解决的能力,数学建模的教学也显得非常重要。③ 核心素养中融入了现代教育对于人才的需求,为面向未来做好准备。例如,基于信息技术在现在或者未来社会日益重要的作用以及数学与信息技术的密切关系提出的智能计算思维,这对于教师来说,应该是一个新的概念,因此更需要在教师素养中有所体现。④ 数学素养是分不同水平的,同一种数学素养对于不同学生的要求可能是不相同的,这一方面取决于社会对人才培养目标的要求,另一方面取决于学生的实际水平。这对于教师而言,首先是要会设置教学目标,其次是能诊断学生的实际需求从而进行即时有效的干预,再次是具备教学评价考查学生水平的能力。

其次,相较于数学核心素养内涵的研究,现阶段基于数学核心素养的教学以及对教师的研究还只是零星的观点,本研究将文献中针对教学及教师的观点做一归纳。

第一,提出数学核心素养教学的理念及教学建议。史宁中认为,(基于数学核心素养培养的)数学教学活动应当秉承这样的基本理念:把握数学内容的本质;创

---

① 李艺,钟柏昌.谈"核心素养"[J].教育研究,2015,36(9):17-23.

设合适的教学情境,提出合理的问题;启发学生独立思考,鼓励学生与他人交流;让学生在掌握知识技能的同时,感悟数学的本质;让学生积累数学思维的经验,形成和发展数学核心素养。进而提出具体的教学措施:应将数学素养作为教学目标进行设置,在教学评价中关注学生的思维品质,考查学生的思维能力。同时专门对教师的出题和备课时如何体现培养学生数学素养提出要求。① 陈刚等提出需从当代系统化教学设计原理来构建数学核心素养培养体系的理念。② 陈柳娟等认为:"数学教师首先要能够用数学的眼光看世界,用数学的眼光看身边的事物,并在平时教学中能够注重基于教学内容的实际背景向学生渗透数学与实际生活的联系。"③同时要加强数学建模教学。孙成成等在理清数学六种核心素养的关系基础上,提出把握整体性数学教学,创设真实、合理的数学情境以及注重形成性评价的教学策略。④《普通高中数学课程标准》中提出了以学生发展为本、优化课程结构、把握数学本质和重视过程评价等四条基于数学素养的教学原则,围绕教学原则提出四条教学建议:① 教学目标制定要突出数学核心素养;② 教学情境的创设要有利于发展数学核心素养;③ 整体把握教学内容,促进数学核心素养持续发展;④ 既要重视教,更要重视学,促进学生学会学习。促进学生学会学习的教学指的是以提高学生自主学习的能力为最终落脚点,促进学生多样化的数学学习方式,加强"学法"指导,培养学生的学习习惯,充分利用信息技术工具,改善教学和学习方式。⑤

第二,针对某一具体领域提出教学对策。例如,刘喜莲从强化学生的数学应用意识,培养学生数学模型的构建能力的角度,提出物化数学,让数学回归应用本源,使学生树立应用意识;抽象实践,将实践问题数学化,培养学生的数学素养;理实融通,在应用中培育数学素养,让学生体验数学在解决实际问题中的主要作用。⑥ 刘德宏从数学思想方法的教学角度研究,提出教师要结合具体的教学内容,有机地渗透模型、函数、归纳、极限、抽象、类比、演绎、符号化、分类、集合、转化、假设等数学

---

① 史宁中.学科核心素养的培养与教学[J].中小学管理,2017(1):36-37.
② 陈刚,皮连生.从科学取向教学论看学生的"核心素养"及其体系构建[J].湖南师范大学教育科学学报,2016,15(5):20-27.
③ 陈柳娟,林晴岚.基于数学核心素养的教师教育教学思考[J].教学与管理,2017(1):109-111.
④ 孙成成,胡典顺.数学核心素养:历程、模型及发展路径[J].教育探索,2016(12):27-30.
⑤ 中华人民共和国教育部.普通高中数学课程标准[M].北京:人民教育出版社,2020.
⑥ 刘喜莲.强化数学应用意识 培养学生数学素养[J].教育理论与实践,2015,35(29):51-53.

思想方法,培养学生思维能力,提升学生数学素养。①

第三,介绍国外数学核心素养教学案例。刘晟等介绍国际组织和经济体的培养核心素养的教育案例,其中关于数学核心素养的培养的部分,通过分析南非正式颁布的最近一轮面向全国的数学课程文件(CAPS-ML),发现其最为显著的特点是提出以实际生活为背景开展对最基本数学知识的学习,通过数学内容知识、生活情境和问题解决能力培养的紧密融合,提高学生的数学素养,并由此提出在真实情境中培养数学核心素养的教学策略。②

第四,对于数学教师素养的观点。史宁中等比较系统地提出了关于数学教师素养的要求,他认为,首先,数学教师需要具备热爱教育事业和具备明确的教育理念两大基本素养。其中特别提出要关注素质教育的两个核心理念:树立人的全面发展观是素质教育的重要理念;培养学生的创新精神和实践能力是素质教育的重点。其次,数学教师需要具备一些特殊素养:具有扎实的专业基础,全面把握数学学科知识。"特别地,比较清楚地把握数学科学体系中知识的核心思想,知道知识的来龙去脉,同时了解这些数学知识的教育价值。准确把握教材的新特征,明确其重点、难点与关键。坚持启发式教学原则,注重培养学生的学习兴趣与良好的学习习惯。"③黄友初从数学素养教育与教师实践的落差的角度,提出教师需加强教学研究和反思意识。④

再次,鉴于数学核心素养是在核心素养的概念中被提出来的,因此数学核心素养的教学一方面离不开基于数学学科背景的研究,另一方面也不能脱离基于一般核心素养的研究,以下对一般核心素养教学及教师的相应观点做一论述。

张紫屏基于学习观的变化,提出核心素养教学的特点。未来社会对学习认识所发生的变化,表现在每个学生都应该在相关的学习主题上,或不同的学习活动中有表达个人见解或意见的机会,并学会与他人协商。因此就决定了基于核心素养的教学应该是深深根植于学生自主、合作与探究的学习过程中的,并且应具备情境化的特征,在这样的教学活动中,学生旨在分享观点并可以讨论与争辩,获得的不

---

① 刘德宏.渗透数学思想提升数学素养[J].教育探索 2015(2):32-35.
② 刘晟,魏锐,周平艳,等.核心素养如何落地——来自全球的教育实践案例及启示[J].人民教育,2016(20):62-65.
③ 史宁中,孔凡哲."数学教师的素养"对话录[J].人民教育.2008(21):43-49.
④ 黄友初.学校教育中数学素养教育的构建[J].教师教育研究,2016(2):86-90.

是一种具体能力而是能力的整合,包括了知识、技能、态度、价值观与品格等要素。核心素养教育范式反映了教育理念的变化,因此对教师提出了挑战。并通过分析英国教学中的困境,提出转变教师观念,加强理论水平,提升实践能力的具体措施。[1] 姜宇等提出核心素养教学由"以知识点为核心"转向"以核心素养为导向"的三大特征。由"抽象知识"转向"具体情境",注重营造学习情境的真实性。由"知识中心"转向"能力(素养)中心",培养学生形成高于学科知识的学科素养。由"教师中心"转向"学生中心",促进学生主动学习和合作学习的意识与能力。"教师的重要作用体现在激发学生的学习兴趣、引导学生自主学习和培养学生合作学习意识之上,从而达到教育的最终目标——培养学生具有终身学习的能力。"发展核心素养,对于教师的专业技能提出了新的要求,因此"研制相应的教师通用能力和标准,是促进教师专业发展,提高教学转化效率的重要举措。"[2]欧盟发布了用以推动核心素养的教师能力,包括学科素养、教学素养、数字化素养、学会学习、人际关系、跨文化和社会素养、公民素养、创业精神、文化表达。[3] 有学者整理了国际会议上专家对教师核心素养的观点,提出学科素养是教师的首要素养;同时教师应具有积极正向的情感素养,"责任心不仅表现在对教育使命和对教师这份职业的担当上;而且表现在真正对学生负责任,当学生有需要的时候给予其支持和鼓励,而且不放弃任何一名学生。""在这个变革的时代,教师需要进行诸多改变,但是唯一不变的是立德树人;教师应该是学生获得知识的指导者,是学生遇到困难时的帮助者,是与学生共同学习的伙伴。"[4]

综上所述,可以总结出核心素养教学对于教师提出的五个方面素养要求。

(1) 学科知识仍是教师素养的重要组成部分,对于数学教师而言,它强调数学思想方法,数学知识的相互联系以及数学与生活的联系,数学与其他学科的联系。

(2) 教学知识中,更突出关于学生的知识和教学评价的知识,特别是形成性评价以及如何考查学生思维品质的评价知识。

---

[1] 张紫屏.基于核心素养的教学变革——源自英国的经验与启示[J].全球教育展望,2016,45(7):3-13.
[2] 姜宇,辛涛,刘霞,等.基于核心素养的教育改革实践途径与策略[J].中国教育学刊,2016(6):29-32,73.
[3] European Commission. Common European Principles for Teacher Competences and Qualifications[R]. 2015.
[4] 北京教育科学研究院基础教育教学研究中心项目组.课堂教学如何为学生核心素养发展提供有效支点——北京市学生发展核心素养的教与学研究报告(2015)[J].中小学管理,2016(10):37-40.

(3)教学能力方面,一是强调情境创设,包括真实生活情境的创设;二是强调教学目标的设置,通过制定具体可操作的教学目标引导学生数学核心素养的培养;三是对于促进学生数学交流、探究以及提出问题等教学能力的重视。

(4)特别对教学中促进学生形成积极情感体验的重视,以及对教师自身积极情感、责任心的强调。

(5)教师素养中强调与信息技术结合的能力。

2.1.2.2 关于数学人文教育相关研究综述

国家文件明确指出,职业教育需加强人文素养教育,职业教育文化基础课承担着培养学生的文化素质、科学素养、综合职业能力和可持续发展能力的功能。对于数学教育而言,它的人文教育价值体现在哪些方面,对于教学以及教师有哪些要求?本研究围绕这些问题对相关观点做一论述。

首先,对于数学教育的人文价值体现,虽然不同学者的观点有所侧重,但是基本可以认为围绕三个方面展开。

(1)数学的理性精神。例如,数学家克莱因(Morris Kline)指出:"在最广泛意义上说,数学是一种精神,一种理性精神,正是这种精神,使得人类的思维得以运用到最完善的程度,亦正是这种精神,试图决定性地影响人类的物质、道德和社会生活;试图回答有关人类自身存在提出的问题;努力去理解和控制自然;尽力去探求和确立已经获得知识的最完善的内涵。"[①]数学家齐民友指出:"数学除了逻辑的要求和实践的检验之外,无论是几千年的习俗、宗教的权威、皇帝的赦令、流行的风尚统统是没有用的。这样一种求真的态度,倾毕生之力用理性的思维去解开那伟大而永恒的谜——宇宙和人类的真面目是什么?是人类文化发展到一定高度的标志。这个伟大的理性探求是数学发展必不可少的文化背景,反过来,也是数学贡献于文化最突出的功绩之一。"[②]张廷艳进一步阐释为:"数学作为一门科学的发展历程,无不体现出了严谨、求实、执着等品质和特性,而数学发展中所包含的规范、公正、求实、理性、率真等科学精神,恰恰是人类天性中最为重要、最为基本和最为成熟的组成部分。"[③]数

---

① M.克莱因.西方文化中的数学[M].张祖贵,译.上海:复旦大学出版社,2004.
② 齐民友.数学与文化[M].长沙:湖南教育出版社,1991.
③ 张廷艳.对数学教育人文性的再认识[J].课程·教材·教法,2015,35(6):68-72.

学的理性精神与数学思想方法是密不可分的,周明儒认为,数学的文化内涵表现在数学的科学精神和思想方法。[①] 顾沛认为狭义的数学文化指的是数学的思想、精神、方法、观点、语言,以及它们的形成和发展过程。[②] 数学的理性精神,教人求"真","真"是指理解理性数学文明的文化价值,体会数学真理的严谨性和精确性。[③]

(2)数学的情感意志。张廷艳将数学的理性精神视为科学形态的数学精神,将数学的情感意志视为人文形态的数学精神,并认为数学的情感意志来源于两方面的内容,"一是数学作为探索真理的事业所散发出的精神魅力;二是众多数学家在不懈开拓的求真之路中所展现出的诸如坚持真理、敢于批判、勇于创新等精神魅力。"也即是顾沛所提出的数学文化广义理解所蕴含的教育价值。"广义上还包含数学史、数学中的美、数学家的生平事迹、数学教育、数学与各种学科之间的关系、数学发展中的人文成分等。"数学家齐民友先生认为数学作为文化的一部分,其最根本的特征是它表达了一种探索精神。数学的意志品格,教人求"美","美"是指喜欢数学,热爱数学,并能够欣赏数学的智慧之美。

(3)数学的创新精神。美国著名数学家哈尔莫斯(Paul Richard Halmos)曾经指出:"数学是创新性的艺术,因为数学家创新了美好的新概念;数学是创新性的艺术,因为数学家像艺术家一样生活,一样地工作,一样地思索;数学是创新性的艺术,因为数学家这样对待它。"[④]的确,"数学本身的发展历程表明,数学的概念、理论、思想和方法都是创新的结果。李小平认为:"数学文化蕴涵很多的教育价值,它的核心教育价值就是培养学生的创新精神。数学创新之一人文教育价值,对于现代人才培养而言具有更加重要的作用。"[⑤]

其次,围绕数学人文教育的教学与对教师的要求,有以下四方面的观点。

(1)在教学内容上,注重数学思想方法、数学史和数学美的教学。张廷艳认为,挖掘数学教育中的人文资源,第一是挖掘数学思想方法,第二是应针对性地扩

---

① 周明儒.在日常教学中做到数学与人文的有机交融[J].中国大学教学,2012(7):35-37.
② 顾沛.数学文化[M].北京:高等教育出版社,2008:6.
③ 洪燕君,周九诗,王尚志,等.《普通高中数学课程标准(修订稿)》的意见征询——访谈张奠宙先生[J].数学教育学报,2015(3):35-39.
④ 张楚廷.数学与创造[M].大连:大连理工大学出版社,2008:148.
⑤ 李小平.数学文化与现代文明[D].吉林:吉林大学,2016:94.

充一些数学史料,充分发挥数学史的价值,第三是挖掘数学美学因素。"教师一方面要帮助学生揭示数学美、发现数学美、感受数学美、体验数学美,激发学习兴趣,提高学生数学素养;另外,要通过数学美的教育,引导学生逐步学会用简单、对称、和谐、统一等审美标准评价事物、简化结果、深化问题。"①

(2) 在教学方法上,一是教师要能揭示和总结数学思想方法。周明儒认为,在课程导论、新课题的引进和课程小结三大环节上,教师都要适时地揭示数学思想方法;注意介绍本学科的"来龙去脉"。② 二是教师要能适时地插入介绍相关数学家的功绩、学术风范和道德情操以及揭示数学美。三是教师要能将数学内容与"人文意境"相结合,使用人文化的表述方式把数学转变为学生容易接受的教育形态,使学生更亲近和领会数学。③ 四是教师要能挖掘教学资源培养学生的创新思维。这些都有赖于教师本身在学科和人文上的知识素养。因此有学者提出,"教师应当学一点数学史、数学哲学、数学方法论;学一点科学史、科学哲学、科学方法论。并且尽可能扩大自己人文、社会、科技等领域的知识面,只有这样,才可能在日常教学中做好数学与人文的有机交融。"

(3) 在教学活动上,注重学生的主体性,教学的过程性和创生性。首先学生的主体性,是基于对数学学习的认识而提出的,弗赖登塔尔(Freudenthal)认为数学学习主要是进行"再创造",或者"数学化"的活动,这个"化"的过程必须是由学习者自己主动去完成的,而不是任何外界所强加的。"在数学教育中应当特别注意这个数学化的过程,培养学生一种自己获取数学的态度,构建自己的数学,数学化一个十分重要的方法是反思自己的活动。"④ 因此数学学习活动是要通过学生的自主建构而完成的,在学习活动中形成数学知识、能力和情感态度。其次,学习的主体性对应了教学的过程性,无论是教师讲授抑或是创设情境,学生都只有在直接或间接地经历过"数学化""再创新"的活动过程,才能形成分析判断的理性思维能力,坚强的意志品质,以及学会交流与合作。最后,教师要善于营造教学环境,激发学生学习数

---

① 张廷艳.对数学教育人文性的再认识[J].课程·教材·教法,2015,35(6):68-72.
② 周明儒.在日常教学中做到数学与人文的有机交融[J].中国大学教学,2012(7):35-37.
③ 张奠宙.构建学生容易理解的数学教育形态——数学和人文意境相融合的10个案例[J].教育科学研究,2008(7):48-50.
④ 弗赖登塔尔.数学教育再探——在中国的讲学[M].刘意竹,等译.上海:上海教育出版社,1999.

学的浓厚兴趣,引导学生积极思考;并且激励学生从不同的角度提出质疑,敢于实践和验证,寻求解决问题的途径。这些都与前述数学核心素养的培养是一致的。

(4) 在教学评价上,注重多元的评价内容与多样化的评价方式。仅仅关注知识技能的教学评价与数学科学教育和人文教育都是不相符的,无论是从培养数学素养的角度,还是体现数学教育人文价值的角度,都要求教学评价关注知识技能、思维品质和情感态度等多元内容。多元的评价内容要求采用多样化的评价方式,如形成性评价与终结性评价相结合,自评与他评相结合等方式。

综上所述,从数学教育的人文教育角度审视对教师的要求:首先,教师要树立数学教育人文价值的理念。数学教育不仅有科学教育的价值,即培养学生掌握将数学作为工具服务于专业和生活中问题解决的能力;数学教育同时具有人文教育的价值,具体体现在数学的理性精神、意志品格和创新思维等三个方面。其次,教师需要具备数学人文教育所需的学科和文化知识,如学科发展的前沿知识、数学史的知识、数学思想方法,甚至是一些文学知识等等。最后,对教师的教学能力提出要求,例如创设情境、引导学生探究思考、促进学生交流以及教学评价等方面。

2.1.3 高职教育角度的相关研究

国家文件明确指出现阶段及未来职业教育发展中对于培养学生科学素养、文化素质以及综合职业能力和可持续发展能力的教育目标,那么对于高职院校的课程、教学及教师提出了怎样的需求?作为文化基础教育之一的数学教育,目前呈现怎样的现状,已有研究提出了哪些改进策略,特别针对本研究主题——高职院校的数学教师素养,已有研究提出了怎样的观点,这些都对本研究有启示意义,因此以下对相关研究做一综述。

首先,对高职教育变革的进一步阐释,主要从三个方面开展研究。

(1) 审视职业教育理念和教育模式,阐释职业教育变革的内涵。孙长远通过对职业教育"何以为生"教育理念的审视,提出该教育理念存在的缺失,并提出超越该理念的措施。首先,职业教育"教授给未来劳动者以生产性知识,培训其工作技能,培养其处理复杂情形的能力。这些目的都可以理解为对未来劳动者进行'何以为生'本领的训练。"这是由职业教育的"职业性"所规定的。但是职业教育片面持有该教育理念是存在缺失的,将导致职业教育过早或过度的专业化倾向、职业教育教学实践中主体性缺失以及职业教育轻视或忽视人文课程。可以从三个方面进行超越：一是职业教育要确立物质生活与精神生活协调发展的价值取向；二是要明确职业教育应培养兼具科学素养与人文素养的职业人；三是职业教育要对学生施以价值教育。① 在此视角下，高职院校的数学教育，不仅为专业服务，更肩负着服务于人的全面发展的教育价值和功能，具体体现为着眼于学生科学素养和人文素养的培养，引导学生崇尚科学、相信真理的价值观的形成和发展。这与职业教育兼具"职业性"和"教育性"的认识是相契合的。

（2）分析高职教育课程模式和价值的演变，阐释职业教育变革的内涵。董奇提出"人格本位"的职业教育课程是应对职业教育发展要求的课程模式，它体现了一种新的课程价值观："学生不仅要掌握知识和技能，更要有对知识的理解、运用和创造能力，对人类崇高精神的感悟和思索，对事物的判断、认知能力，并由此产生民族精神、社会责任感、诚信品格，产生积极的人生目标、走向及为此奋斗的坚韧毅力。"② 该课程模式下具体的改革建议为："第一，把普通文化课程内容与专业结合起来，强化它们的服务功能：一是为学生专业学习服务；二是为学生的生涯发展服务。第二，普通文化基础课程应关注对不同职业之间广泛迁移的关键能力的培养，它的改革更多的是教学方法层面的。"③ 由此可见，"人格本位"课程的内涵彰显了高职教育变革的应有之义，也对高职教育文化基础课的功能定位、教学改革指明了方向。徐涵提出我国改革开放以来职业教育课程价值的三个演变阶段，从课程的演变历程可以看出，文化基础课程在职业教育中并不是简单的回归，它紧密围绕对高素质技术技能人才培养的需要，它是建立在对现代职业人才观的深入认识基础上而提出的回归需求。对职业教育教学改革的建议为：强调学生的主体性，强调教师探索精神、求实态度和严谨的作风等品格，强调培养学生的人文素养，充分体现课程的人文价值。④

（3）应对未来职业的变化，阐释高职教育变革的内涵。世界经济论坛（World Economic Forum）2016年1月的报告《未来的职业》中阐述了未来职业将呈现的

---

① 孙长远，庞学光.惟"何以为生"：职业教育面临的问题及其消解[J].中国职业技术教育，2016(12)：12-17.
② 罗晓明.人格本位[M].上海：上海文化出版社，2007.
③ 董奇.人格本位：高职课程发展的突破与超越[J].教育发展研究，2014，34(11)：46-51.
④ 徐涵.行为导向教学中教师角色的转换[J].中国职业技术教育，2006(4)：10-13.

变化趋势。该报告引用了来自 O*NET（The Occupational Information Network）数据库的 35 项最常被引用的与工作相关的核心技能，具体能力名称及内涵见表2.3，得到如下结论：① 解决复杂问题的能力将变得日益重要。到 2020 年，超过36%的工作需要将解决复杂问题的能力作为其核心能力之一。② 社会技能，诸如说服他人、情商和教授他人等，将比具体狭窄的专业技能，比如编程、机器的操作和控制等更为重要。③ 内容技能，包括 ICT（信息通信技术）素养、主动学习、认知能力，诸如创造力和数学推理等，以及过程技能，比如主动倾听和批判性思维等，会成为日益重要的核心能力。④ 将来许多职业将需要高水平的认知能力，比如创造力、逻辑推理和问题意识。到 2020 年大约 52%的工作会将认知能力作为其核心能力之一。基于对未来职业变化的分析，该报告提出了教育中存在的两方面问题：人文学科、科学、应用和纯粹的训练之间的割裂；重视高等教育的同时，忽略了真实内容的学习。[1]

该报告对于本研究产生了两方面的启示。一是聚焦于未来职业所需的与工作相关的能力，数学教育应该发挥怎样的功能，进而对数学教师提出怎样的要求。二是该报告提出的教育所存在的问题，对于数学教育意味着怎样的具体之义。① 无论是从数学学科角度而谈的数学素养，还是未来职业所需要的核心能力，两者的本质和诉求都是一致的。具体可从四点理由进行论证：a) 如前所述，数学素养聚焦以数学的思维进行问题解决，这里的问题包括数学和现实问题，常规和非常规问题，特别强调用不同方法解决问题的能力。这与核心工作能力中的认知灵活性、创造力、批判性思维都是一致的。b) 数学推理、直观想象、问题提出等都是数学素养的核心成分，这些都直接是职业所需的核心能力。c) 数学素养日益重视对学生学会学习的能力、数学交流以及自我评价等能力的培养，这与职业核心能力中主动学习、倾听、监控自身和口头表达、阅读写作等能力是相互呼应的。d) 职业核心能力中关注 ICT 素养，使用工具技术对信息获取、管理和创造。虽然数学学科中不直接使用信息通信技术，但核心思想都是培养学生知道何时使用何种合适的技术去解决问题。② 两者之间需要相互融合。一方面认识到聚焦于"数学素养"的高职

---

[1] World Economic Forum. The Future of Jobs: Employment, Skills and Workforce Strategy for the Fourth Industrial Revolution[R]. World Economic Forum, 2016:3-26.

院校数学教育,与培养职业核心能力具有共同的培养目标,是认识的前提,但并不是认识的全部。另一方面同样重要的是,两者之间需要相互融合,缺少了围绕职业能力培养的"数学素养"教育是没有聚焦、空泛的,无法体现职业教育的"职业性"特征,也就不能实现社会对其人才培养的目标定位,这也就是为何在报告提到教育存在的与真实内容脱节的问题。因此从上述两方面的分析来看,对于高职院校的数学教师来说,首先要提供的是围绕"数学素养"而非数学知识技能的高质量数学教育,其次要实现学生的"数学素养"与"职业能力"培养的融合,对于数学教师本身的素养而言,其构成要素的各方面都要体现出这一"融合"的要求。

表 2.3　35 项核心工作能力指标及内涵

技能/能力族群	技能/能力	定义
能力		
认知能力	认知的灵活性	制定或使用不同规则,以不同方式组合事物的能力
	创造力	提出关于特定主题或情境的不寻常或者巧妙的想法,或者能创造性地解决问题
	逻辑推理	组合信息形成一般规则或结论(包括从表面看来无关的事物中发现关系)的能力;在具体问题中使用一般规则以得到解决问题合理的答案
	问题意识	发现错误或者有可能产生问题的能力;它不包含解决问题,只是意识到存在问题
	数学推理	选择正确的数学方法或者共识解决问题的能力
	直观想象	想象部分被移动或重新排列后物体的形状
身体能力	身体的灵活性	精确协调地移动以抓住、操作或者装配物体的能力
	身体的力量	运用肌肉的力量以提、推、拉或者拿物体的能力
基础技能		
内容技能	主动学习	能够理解现在和将来问题解决及决策所需的新信息的含义
	口头表达	与他人交谈以有效地传达信息的技能
	阅读理解	通过阅读能理解与工作相关的文件的含义
	写作表达	能通过写作与他人进行有效地交流
	信息通信技术素养	使用数字技术、交流工具和网络以获取、管理、整合、评价和创造信息
过程技能	主动倾听	对于他人所讲能给予足够的注意,花时间以理解他人的意思,能提出合适的问题,并且不会在不恰当的时机打扰他人
	批判性思维	使用逻辑和推理以确定解决方案的优劣
	监控自身和他人	监控/评价自身的行为、他人及组织,以改进或者采取正确的行动

续表

技能/能力族群	技能/能力	定义
跨职业技能			
复杂问题解决技能	复杂问题解决	解决在复杂的现实情境中的非常规和结构不良的问题
资源管理技能	财务资源管理	确定做一件事需要花费多少钱,并能说明支出的原因
	物质资源管理	能对工作所需的机器、设备和材料进行合理地使用管理
	人员管理	激发人员工作的积极性,指挥他们,并且能确定最适合的工作人员人选
	时间管理	管理自己和他人的时间
社会技能	相互协调	根据他人的行为进行调整的技能
	情商	意识到他人的反应,并能理解产生反应的原因
	妥协	团结他人并且努力达成一致
	疏导	说服他人改变他们的想法或行为
	服务导向	主动地寻求给予他人帮助
	训练教导他人	告诉他人这件事该怎么做
系统技能	做出判断和决定	考虑潜在相关的利弊以选择最合适的方案
	系统分析	明确系统应该如何工作,以及条件、操作和环境的变化如何影响结果
专门技能	设备维护与维修	对设备进行常规维护,确定何时需要何种需要的维护,使用工具对机器或系统进行维修的技能
	设备操作与控制	观察仪表、刻度盘或其他指标以确定机器运作正常;控制对设备或者系统的操作
	编程	写用于各种目的的计算机代码
	质量控制	采取对产品、服务或过程的测试和检查,以评价质量或行为
	技术和用户体验设计	制造或调试设备和技术以服务用户的需要
	排除故障	确定操作故障的原因并能提出解决方案

其次,高职数学教师的相关研究。以"高职院校"和"数学教师"作为主题,查找出 11 篇学位论文(均是硕士论文)。其中直接研究高职院校数学教师素质或专业发展的论文有 2 篇,其余 9 篇论文都是通过对各省市的高职院校师生进行调研后,发现高职院校数学课程教学中所存在的问题,基于理论和教学实验等方式,提出改进策略与建议,以下分别进行论述。

(1)高职数学教育的现状、存在问题及改进建议的学位论文研究。该部分研究主要聚焦于两个方面,一是对高职院校数学教学现状进行调研后,提出整体性的意见建议,属于该类研究的论文有7篇,其研究方法、研究结论和调研院校详见表2.4。①

表2.4 高职院校数学教学现状相关研究梳理

序号	研究方法	现状及存在问题	改进策略	调研院校	研究者
1	对学生学习现状的调查,对教师教学现状的调查与访谈	(1)学生:学习兴趣缺乏,学习基础存在差异,学习习惯尚未养成,自信心不足,学习毅力较差;(2)教材:欠缺实效性;(3)教师:教学理念更新缓慢,教师重视程度不高;(4)课程:教学课时偏少	(1)教学内容:根据专业需求和专业特点选取例题;(2)考核评价:体现对学习过程的监督,考核方式的多样化,促进学生的自主探究;(3)教师教学能力:加强使用现代教育技术、数学软件的能力,教学情景的创设,教学方法的选择;(4)教师知识:了解专业内容,专业与数学融合的知识;(5)教师科研:加强科研能力;(6)师生交流:建立师生沟通平台	石家庄五所高职院校	张雪立
2	对学生学习现状的调查,对教师教学现状的调查与访谈	(1)教材:现用教材与专业结合不够,不能做到为专业服务;(2)教师:教师教学理念不能与时俱进,教学方法与手段比较枯燥、单一和机械,有待进一步更新;(3)学生:认为高等数学没有作用、学不懂、学习的积极性不高;(4)教学评价:比较单一、不能考查学生实践应用数学的能力	(1)教师的教学理念:更新教学观念,重视发展学生数学素养;(2)教师的知识与能力结构;(3)教师的态度:教育态度、工作态度以及教学心态,在教学中起到非常重要的作用;(4)教师的科研;(5)教学方法与手段:加强多种教学方法和手段的使用,特别是现代教育信息化的运用;(6)教学目标:掌握本专业所需的基本数学知识,能够解决本专业的实际技术问题;发展学生数学能力和品格,使学生终身受益;(7)教学内容:教学内容模块化,基础、专业、应用模块;(8)教学模式:采用构建学习环境、分析讨论解决问题,按照学习层次高低进行分组,利用信息化手段进行自学与互动学习,形成定论,成果鉴定,检验的教学模式;(9)教学评价:学习态度、试卷成绩、数学活动成绩、作业,利用计算工具、数学软件;加强建模的考核;(10)教师数量:教师数量要充足;(11)教材:加强与专业的联系,体现数学建模、数学史、现代数学的观点,符合学生基础、专业应用	咸阳职业技术学院	门亚玲

---

① 张雪立.高职数学课程教学改革的研究——以石家庄高职院校为例[D].石家庄:河北师范大学,2016.
门亚玲.高职院校高等数学教学改革研究——以咸阳职业技术学院为例[D].咸阳:西北农林科技大学,2015.
冯丽.高职院校数学课程基本功能的探讨与研究[D].大连:辽宁师范大学,2015.
刘燕.高职院校高等数学课程教学改革的研究[D].桂林:广西师范大学,2014.
程长胜.高职院校学生数学学习现状调查与策略研究[D].石家庄:河北师范大学,2014.
董茜.高职计算机专业数学教学改革研究[D].济南:山东师范大学,2010.
王钱.柳州高职院校数学教学现状调查及相关改革研究[D].桂林:广西师范大学,2008.

第 2 章 研究综述

续表

序号	研究方法	现状及存在问题	改进策略	调研院校	研究者
3	对学生知识和能力结构现状的调查，对高等数学任课教师掌握主干专业课程中数学知识的调查	教师不熟悉各个专业领域的数学原理和方法	(1) 数学教育功能定位：数学的科学教育意义，数学思想方法； (2) 教学内容：按照专业需求分成通识性基础知识、专业所需要的工具性方法、科学能力和素养所需要的思想性材料和科学方法论层面的材料等部分； (3) 教学设计：概念性教学、应用性教学和计算性教学应各有侧重，教学内容在专业课中运用的深广度； (4) 数学史的教学：通过丰富数学史背景资料，引导学生探索感悟、遵循认知规律、营造文化氛围，从而也让大学生们感悟到数学中的人文精神； (5) 教学模式：分层教学； (6) 教师的基本教学能力：知识加工能力、教学设计能力、教学实施能力、教学评价能力、教学合作能力、教学科研能力； (7) 教学评价：多样化，重点考核平日的学习态度，考核方法的改革创新	大连一所应用本科院校	冯丽
4	学生学习现状的调查，教师教学现状的调查	(1) 学生的认识：教材与学生实际情况不相符，教学手段和方法单一； (2) 教师的认识：教材版本多，未与专业相结合，教学理念有待与时俱进，希望得到培训，学校与学生对高数的认识有待提高，教师反思和科研不够	(1) 教学目标的科学设置； (2) 转变教师教育理念：对于当前创新型职业教育能力、素质和理念基本都不具备； (3) 编写教材：适宜学生数学水平，适应专业需求，科学性、基础性、针对性、应用性、实践性、实用性（便教便学）、开放性（与学生的知识体系、生活相联系）、人文性； (4) 多种教学方法； (5) 教学评价的改进：侧重评价学生的应用数学、解决数学和理解数学能力； (6) 加强课后反思	新疆克拉玛依职业技术学院	刘燕
5	学生学习现状的调查研究	影响学生学习的重要指标：学生原有数学基础不扎实，心理素质较差，自我学习能力不足，教师教授方式单一，教材不能突出高职特色，数学课外教学活动少，参与度低	(1) 教学模式：分层教学实验，模块化教学； (2) 教育理念：提升数学的教育理念，强化为专业课程服务的教学特点； (3) 数学文化与数学建模：在课堂教学改革上，结合教学体会，融入数学文化，强化数学建模思想； (4) 教学评价：平时成绩、数学实验、数学论文撰写、期末考核四位一体的考核方式； (5) 教师知识：加强对数学在专业中应用的了解	山东部分高职院校	程长胜

续表

序号	研究方法	现状及存在问题	改进策略	调研院校	研究者
6	对影响目前学生学习兴趣的因素调查	（1）生源多样化，数学基础差；学习缺乏兴趣、信心；（2）教学方法：单一，忽视对学生思维能力培养；（3）教材：教材内容与计算机专业联系太少；（4）教学评价：形式单一，内容基本上是例题的翻版	（1）数学美学教育；（2）数学文化和数学史；（3）指导学生掌握科学的学习方法；（4）激励成功，增强学生的学习自信心；（5）设置适当问题情境；（6）渗透数学思想方法；（7）开展研究性学习	山东省高职院校	董茜
7	对学生学习动机及学习现状的调查，对教师教学现状的调查	（1）学校不够重视；（2）忽视培养学生应用数学知识解决实际问题的意识和能力；（3）教学方法单一；（4）生源多样化	（1）教材：基础性、实用性、应用性、多样性、前瞻性等特征；（2）教学方法：注重引导学生探究，创设情境，引导学生勤思考，多动手，吸引学生参与教学过程；（3）构建和谐的师生关系，创设宽松的学习环境。善用激励法，增强学生自信；（4）重视数学文化教育；（5）考核模式：应坚持"必需、够用"的原则，充分体现检测、鉴定和评价功能，体现教育教学导向、反馈和激励功能；（6）教师需多外出学习了解数学教育新动态，加强与专业教师之间的互动	柳州高职院校	王钱

（2）基于某种特定的教学理论，提出应用于高职数学课程教学改革。例如潘红艳基于积极心理学理论、人本主义理论和赏识教育理论，构建了积极心理理念的高职数学教学模式。通过教学准实验设计，实验结果表明，积极心理理念的高职数学教学明显提高了学生的学习兴趣、学习动机和学业成绩，因此研究认为积极心理理念的高职数学教学应该成为高职院校课堂的一种有效模式，值得进一步加以推广。[①] 史凌娟在对学生学习现状及对数学史认识和学习现状调查的基础上，构建了在教学中融入数学史的教学流程，并提出"在数学教学中，把握好融入数学史的时机、方式，可以激发学生的学习热情和兴趣，提高学习成效。""教师要具有高观点的数学知识。有些数学知识的产生，虽是在初等数学的范畴，但是根源在高等数学

---

① 潘红艳.积极心理理念的高职数学课堂教学研究[D].长沙：湖南农业大学，2014.

内部才能够说清楚。"①

(3) 以高职院校数学教师素养和专业发展为主题的两篇学位论文研究。曹培芳对高职数学教师素质进行了研究,该研究首先对"高职数学教师素质"进行了界定,"高职数学教师素质是高职数学教师在育人过程中稳定的、必备的职业品质,是高职数学教师育人知识与育人能力的综合反映。这种职业品质在一般生理条件合格的情况下,主要是经过后天科学训练、系统培养与反复实践中形成的。"运用问卷调查和课堂观察的方法,对江苏十几所高职院校的120名数学教师进行了关于专业发展现状及自身发展需求的调查。问卷采用已有研究关于教师问卷调查表修改而成,调查具体分为教师的教育信念、专业知识、数学教育能力和专业态度4个维度。教育信念维度,分为教师的数学教学观、学生观和实践观3个观测点,研究认为,教师未来的事业发展应把教育信念的转变作为核心。专业知识维度,分为数学专业知识、数学教育科学知识、相关学科知识和外语4个观测点,研究认为,教师知识面"窄",新知识补充不足。数学教育能力维度,分为数学教学能力、数学教育能力和数学教研能力3个观测点,研究认为,教师设计能力、应用现代教育技术的能力、教学研究能力都需提升。专业态度维度,分为专业态度动机和自我发展需要2个观测点,研究发现,教师对职业的认同感不高,教师认为最需要学习的依次是数学学科前沿知识、教育学和心理学的知识、网络、媒体和课件制作的知识、数学专业基础知识。② 范国蓉对云南省高职数学教师的专业发展现状进行了调查研究,该研究首先对"高职院校数学教师的专业发展"进行了概念界定——高职院校数学教师个体的专业成长或高职院校数学教师内在专业结构不断更新、演进和丰富的过程,并将高职院校数学教师专业内在结构划分为教师的教育信念、专业知识、专业能力、专业态度和动机及自我专业发展意识5个维度。其中教育信念分为高职数学教育观、高职学生观、高职教师观和高职教学活动观4个观测点;专业知识由普通文化知识、数学专业知识、服务专业基础知识、教育学科知识、个人实践知识组成;专业能力由数学能力、数学教学能力、数学应用能力、运用现代教育技术能力、

---

① 史凌娟.高职院校数学教学中融入数学史的实验研究——以镇江高等职业技术学校为例[D].昆明:云南师范大学,2016.
② 曹培芳.高职数学教师素质研究[D].扬州:扬州大学,2006.

教育研究能力、协作教学能力、终身学习的能力组成。采用问卷调查、访谈和课堂观察的研究方法,对云南省不同类型的10所高职院校的67名数学教师进行了调查,采用了自编的调查问卷。研究发现,云南省高职院校数学教师存在的主要问题是学历层次不达标,专业动机不够强烈,多数教师无成就感,教师服务专业的基础知识较为欠缺,教师应用现代教育技术的能力和数学应用能力不足,特别是数学建模能力欠缺,教育科研能力也有待加强;教师自我专业发展意识强烈,多数教师希望参加在职培训,但云南省尚未建立相关的教师专业发展培训体系。[①]

从对上述研究的分析可以得到:

第一,研究方法存在不足。针对高职数学教学的一般研究,通常采用对师生进行问卷调查和访谈,以获取关于目前高职学生数学学习情况和教师教学情况的现状信息的研究方法。对于学生的调查通常分为影响学生学习的内部因素和外部因素两个维度:影响学生学习的内部因素,具体包括学生的知识基础、学习兴趣、学习习惯、学习态度等关于学生自身情况的观测点;影响学生学习的外部因素包括学生对教师的教学、学习内容、所持有的学习资料的观点以及对教师的期望等观测点,其中学生对教师教学的观点又具体分为对教师的教学方法、成绩评定、师生间的交流等方面。对教师的调查也可分成影响教师教学的内部因素和外部因素两个维度:影响教师教学的内部因素,具体包括教师的教学理念、教学态度、知识结构、教学能力、科研能力等关于教师自身情况的观测点,其中教学能力指的是教学方法和手段、教学评价,特别是运用现代信息技术进行教学的能力等方面,知识结构强调对数学应用于专业的知识水平;影响教师教学的外部因素包括学校对数学课程的重视程度、对于教师专业发展的支持程度、教学所持有的资料(如教材)等观测点。问卷采用自编的方式。已有研究调查问卷的维度、观测点设置十分类似,由此必然导致即使是对国内不同地区高职院校进行的调查,但所得到的调查结果十分相似,也就削弱了这类研究的价值与意义。当然从某种程度上可以说明,高职院校的这些问题是存在共性的。对于聚焦于高职院校数学教师的两篇研究,对于教师素质结构维度的设置都是相同的,都是划分为教育信念、专业知识、专业能力、专业态度

---

① 范国蓉.云南省高等职业院校数学教师专业发展现状调查与策略研究[D].昆明:云南师范大学,2007.

和动机及自我专业发展意识,只是 2007 年的研究在 2006 年研究的基础上对于各维度的观测点进行了细化。问卷采用自编和已有研究中的问卷。因此研究方法的不足体现在:① 理论基础比较有限,基本没有涉及国外的研究基础,因此问卷的设计比较雷同;② 调查集中在学生和数学教师,未从其他角度,如专业教师、职教专家、数学教育专家、学校管理者等角度获取信息,因此结构设置较为单一;③ 影响问卷结构的有效性没有说明,这将影响研究结论的科学性。

　　第二,研究结论单一。针对高职教学的一般研究,结论对于时间、空间而言都存在很大的共性,即不同研究是对于不同地区的高职院校,不同研究是在不同时间开展的,时间跨度从 2008 年到 2016 年。结论集中在这样三个方面:① 关于高职学生数学学习的现状,学生数学基础薄弱且差异较大、学习兴趣不高、未形成良好的学习习惯;学生认为教师的教学方法单一,不能吸引其投入学习,教材不符合学习的需要等等。② 关于教师数学教学的现状,教师的教育理念没有及时更新,与高职数学教育的功能定位不相符合;知识结构存在缺陷,特别是数学在专业应用中的知识、数学人文知识、教学知识比较薄弱;教学方法手段使用单一,教学评价未能体现高职数学教育的培养目标等等。③ 对于改进高职数学教学对教师的建议:教师需更新教育理念,明确高职数学教育在高职人才培养目标中的功能定位;教师需加强教学能力,从教学设计、教学实施、教学评价等不同教学过程体现高职数学教育的特点;教师需完善知识结构,包括数学学科知识和教育教学知识;教师需增加教学反思和科研能力;教师需提高通过数学人文素质教育的功能来改善教学的能力。关于高职院校数学教师的专门研究中,总的来说存在的问题分析都是一致的,但所得到的结论较一般性的研究更为具体细化,比如通过调查教师最需要学习的知识,可以得到现阶段高职教师知识结构的启示;对教师职业认同感、态度情感的调查,是一般性研究中没有突出的。

　　上述分析已有研究,对现阶段高职院校数学教师的现状和存在问题有基本了解,构成本研究现状分析的基础。但同时笔者产生疑问:为何研究时间跨度 9 年,高职院校数学教师所存在的问题,已有研究认为教师素质结构的缺陷,始终存在。这进一步增强了本研究的必要性,要提高高职院校数学教师的素养,需要充分借鉴国内外研究成果,在研究内容和研究方法上都予以完善与突破。

2.2 数学教师素养和职教教师素养的相关研究

2.2.1 数学教师素养的相关研究

2.2.1.1 关于数学教师素养的国内研究综述

国内关于数学教师素养的研究,可以归类为两个方面:一方面是对于数学教师的学科素养、信息素养和人文素养等的研究,另一方面是基于素养包含的知识、能力和品性三个维度,对数学教师的知识素养、能力素养和品性素养进行的研究。

(1) 关于数学教师学科素养的研究

针对数学教师学科素养的研究,有代表性的是方勤华的博士论文《高中数学教师数学专业素养研究》。[①] 该研究首先对数学教师的数学专业素养进行了界定,认为数学专业素养是指教师实施高质量数学教学需要具备的数学素养,即数学知识、数学能力和数学情意的综合统一体。该定义明确了教师的数学素养与高质量数学教学密不可分的关系,并且从数学知识、数学能力和数学情意三个维度来界定了数学素养的结构。该研究在对教师的数学知识、数学能力和数学情意构成成分的理论分析基础上,构建教师数学专业素养成分的初步框架;进行专家访谈,补充和完善研究框架;并通过对内容"重要程度"和教师"具备程度"的高中教师实证调查,从而形成高中数学教师数学专业素养的成分框架。该研究对于高中教师数学专业素养框架理论建构的内容选择,是基于两条假设,一是高质量教学要求下教师所需具备的数学专业素养和现实中教师所缺乏的数学专业素养;二是学生应具备的素养,教师首先应该具备。依据克瑞纳的"协商标准"的观念,将理论建构看成是"自上而下"的研究,将实证调查看作是"自下而上"的研究,该研究将这两种研究相结合,得到关于高中数学教师的数学专业素养理论体系。在此框架下,白红美等对中学数学教师的学科素养进行了调查研究。[②] 也有学者聚焦于数学教师的数学知识和能力,并与课程标准中的"四基"相联系提出了中小学数学教师的学科素养等级结构。毕力格图认为,中小学数学教师的学科素养是由学科观、学科的基础知识、基本技能、

---

① 方勤华.高中数学教师数学专业素养研究[D].兰州:西北师范大学,2009.
② 白红美.高中数学教师学科素养现状调查[D].呼和浩特:内蒙古师范大学,2014.

基本思想和基本活动经验以及学科能力等多种因素组成的、具有多层次的一个整体结构,处在最上层的是学科观,处在最下层的是具体的学科知识,中间依次由知识、技能发展为活动经验和方法,到学科能力,再发展成为学科思想,最后到达学科观。①

(2) 关于数学教师信息素养的研究

国内研究主要是对中小学数学教师信息素养进行调查研究,并提出关于数学教师信息素养成分的观点。赵乐对杭州市初中数学教师信息技术素养进行调查的研究中提出,对初中数学教师的要求为:对信息技术有强烈的兴趣,操作技术获取并合理操作信息源来设计、管理、应用、评价的教学过程,自我完善信息技术素养的意识,有利于学生高效学习和教师发展的综合能力。主要包含信息技术的观念、态度,对学生与课程资源的认知,掌握信息技术知识和技能,合理地选择媒体教学,操作信息技术进行科学的教学评价,职后教育与自我提升等方面。②徐金燕在对小学数学教师信息素养的调查研究中提出,教师信息素养的四维度结构分别是:教师的信息意识、教师的信息知识、教师的信息能力、教师的信息伦理道德。教师的信息意识包含信息的需要意识、教师专业信息意识、教师自身发展意识;教师的信息知识包含信息文化基础知识、信息理论知识;教师的信息能力包含硬件设备使用能力、信息技术与课程整合的能力、信息交流能力。③ 从上述研究可见,信息素养不仅包括教师将技术与教学整合的相关知识和能力,还包括教师的信息意识或者信念。信息素养强调的不是单纯的信息技术操作应用能力,而是将信息技术与教学相融合的能力。已有研究关于信息素养的成分总结为如表2.5所示。

表2.5 数学教师的信息素养

维度	指标
信息意识和观念	信息的需要意识、教师专业信息意识、教师自身发展意识;对信息技术有强烈的兴趣;自我完善信息技术素养的意识;对信息技术的观念和态度
信息知识	关于学生与课程资源的知识、信息技术的知识;信息文化基础知识、信息理论知识
信息能力	合理地选择媒体教学,操作信息技术进行科学的教学评价;硬件设备使用能力、信息技术与课程整合的能力、信息交流能力

① 毕力格图,史宁中,孔凡哲.论中小学教师专业标准中的学科成分[J].教育理论与实践,2011(31):33-35.
② 赵乐.杭州市初中数学教师信息技术素养存在的问题与建议研究[D].杭州:杭州师范大学,2016.
③ 徐金燕.小学数学教师信息素养的现状与提高策略研究[D].长春:东北师范大学,2011.

(3) 关于数学教师人文素养的研究

人文素养是个体通过修习人类优秀文化,内化为自由思想、独立人格与积极向上的精神状态,能够正确认识自我及他人,进而外显为关爱自我、包容他人、以广博的大爱回馈自然与社会,是人之所以为人最起码的修养。尹文忠在对初中数学教师人文素养现状调查研究中认为,初中数学教师人文素养的内涵包括三个方面,一是优良的个性品质,指具备事业心和责任感,能够认识自我、完善自我的积极的自我观念,具备谦逊的治学态度,能够及时吸收各种先进的教育理念,在教育教学中秉承公平、公正、诚信的职业操守。二是良好的沟通能力,指教师能与学生、家长、同事及社会关系的沟通,也指与教材、课堂的沟通。三是广博的文化底蕴,指教师能把数学与其他学科进行联系,促使学生的数学学习回归生活本原。四是终极的人文关怀,指的是公平、公正地对待学生;对不同观点的尊重、鉴别和接纳,教师要有宽广的胸襟;善于挖掘学生的潜能,捕捉闪光点,珍视每一位学生。在此基础上建构了数学教师人文素养三个维度的成分:① 人文知识,包括文学、历史、艺术、哲学与法律五个方面;② 教育教学观念,指数学在其他学科中的应用,在数学教学中体现人文价值,在教学中引导学生挖掘数学美,在课堂知识构建、教学目标、教学评价中对于人文素养培育的渗透。③ 人文精神,指数学教师对自身及他人的关注,对生命的珍视,对精神世界的追求,强调教育教学活动中尊重他人的人格尊严,对人、社会与自然实施终极关怀。① 对于数学教师人文素养的三种成分,依然可以看作是从知识、能力和品性来反映的,然而数学教师的人文素养,需要与数学教育相结合,具体的是围绕数学教师如何利用人文素养来形成有利于学生数学学习的高质量教学,例如张奠宙所谈到的,使用人文化的表述方式使学生更容易亲近和领会数学。② 数学教师的人文精神,除了作为教师的一般性的要求外,也需围绕数学教育对人文精神的培养来建构它的意义。

(4) 关于数学教师知识的研究

关于数学教师知识的研究,都是从教师知识谈起的。将国外有代表性的关于

---

① 尹文忠.初中数学教师的人文素养现状研究[D].济南:山东师范大学,2010.
② 张奠宙.构建学生容易理解的数学教育形态——数学和人文意境相融合的10个案例[J].教育科学研究,2008(7):48-50.

教师知识成才的观点梳理，如表 2.6 所示。① 布罗姆(Bromme)提出了一个更为全面的分类，以此描述教师在教学中所需的五种专业知识：① 数学作为一门科学的知识，包括数学命题、法则、数学思维以及方式；② 学校数学的知识，学校数学具有自己的逻辑并自成一体，它并不是大学所教的数学的一种简化；③ 学校数学的哲学，即关于数学和数学学习的认识论基础以及数学和人类生活及知识的其他领域间的联系的思想；④ 一般性教学(和心理学)知识，它主要包含一般的课堂组织和教学上的交流，相对独立于学校科目而具有通用性；⑤ 特定学科内容的教学知识，类似于舒尔曼所说的"教学的内容知识"。②

表 2.6　国外关于教师知识成分有代表性的研究成果

研究者	教师知识结构
舒尔曼(Shulman, 1986)	1. 学科内容知识；2. 学科教学法知识；3. 课程知识；4. 一般教学法知识；5. 有关学习者的知识；6. 有关教育情境(教育目的)的知识；7. 其他课程的知识
格罗斯曼(Grossman, 1994)	1. 学科内容知识；2. 学习者和学习的知识；3. 一般教学法知识；4. 课程知识；5. 情境知识；6. 有关自我的知识
考尔德墨德(Calderhead, 1996)	1. 学科知识；2. 教学机智性知识；3. 个人实践知识；4. 个案知识；5. 理论性知识；6. 隐喻和意象
伯利纳(Berliner, 1989)	1. 学科内容知识；2. 学科教学法知识；3. 一般教学法知识
博寇和帕特南(Borko & Putnam, 1996)	1. 一般教学法知识；2. 教材内容知识；3. 学科教学法知识

舒尔曼提出的 7 类教师知识的理论体系对后来的研究产生了很大影响，特别是学科教学知识(PCK)概念的提出，使对教师知识的研究进入了一个新的热潮。所谓 PCK，是指用专业学科知识与教育学知识的综合去理解特定主题的教学是如何组织、呈现以适应学生不同兴趣和能力的知识，即教师在面对特定的主题时，如何针对学生的不同兴趣与能力，将学科知识加以组织、调整与呈现来进行教学的知

---

① 方勤华. 高中数学教师数学专业素养研究[D]. 兰州：西北师范大学，2009：19.
② BROMME R. Beyond subject matter: A psychology of teachers' professional knowledge [M]// Biehler R, Scholz R, Strasser R, et al. Didactics of Mathematics as a Scientific Discipline[M]. Dordrecht: The Netherlands Kluwer Academic, 1994.

识。① 此外,芬内玛(E. Fennema)和弗伦克(M. L. Franke)于1992年提出了一个以在课堂环境中使用的教师知识为中心的分析模型,如图2.1所示。②

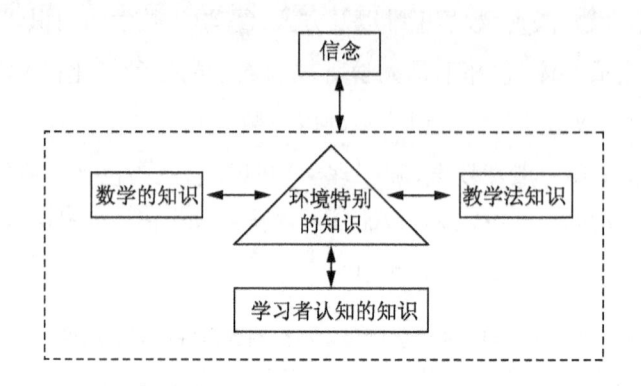

图 2.1 教师知识结构(E. Fennema, M. L. Franke, 1992)

拉潘(G. Lappan)和西勒-卢宾斯基(S. Theule-Lubienski)在1992年第七届国际数学教育大会上强调教师至少需要三种知识以确保他们能够有效地选取有价值的课题,组织讨论,创造一个学习的氛围以及对教与学进行分析。他们用维恩图表示这些知识列出如图2.2所示,并指出:"教师是在这些知识领域的交集上进行工作的。正是不同方面思考的相互作用让教师形成了言之有据的教学上的推理。"③

图2.2 拉潘模式(G. Lappan, S. Theule-Lubienski, 1992)

国内关于"教师知识"主要有林崇德、申继亮等学者的研究。他们认为教师的

---

① SHULMAN L S. Knowledge and Teaching: Foundation of the New Reform [J]. Harvard Educational Review, 1987, 57(1): 1-22.
② FENNEMA E, FRANKE M L. Teachers' knowledge and its impact[M]//Grouws D A. Handbook of Research on Mathematics Teaching and Learning[M]. New York: Macmillan Publishing Company, 1992.
③ 喻平. 教学认识信念研究[M]. 北京: 科学出版社, 2016: 142.

知识有本体性知识,指学科知识;条件性知识,指教育学和心理学知识,包括关于学生身心发展的知识、关于教与学的知识和关于学生成绩评价三部分的知识;一般文化知识和实践性知识,指教师在实施自己有目的行为过程中所具有的课堂情境知识以及与之相关的知识形成了教师的实践性知识。[①] 潘懋元认为:"教师合理的知识结构应包括比较宽厚的基础知识、一定深度的专门知识、一般的前沿知识、必要的横向学科知识和科学方法论知识、一般基本文化知识五个方面。"[②]喻平认为,对于教师知识结构的观点存在两方面的局限性,一是对于教师知识的描述,包括对PCK的描述都是静态的,基本上沿用的是因素分析思路,将教师的知识视为由静态知识组成的体系;二是即使采用了成分分析方法,但分解仍是不细致的,不利于实践层面操作。现代认知心理学把知识分为陈述性知识和程序性知识,其中程序性知识包括智慧技能和认知策略,这种广义的知识分类把能力作为一种知识看待。因此,他提出将教师知识分为理论性知识和情境性知识的观点。其中情境性知识主要指教师整合知识应对教学的能力和根据情况灵活组织教学的能力,具体知识结构如表 2.7 所示。[③] 只有与教学情境相关联,围绕某个教学内容的知识,才是动态的知识;理论性知识是情境性知识的基础,但是具备理论性知识并不能直接导致在教学中的应用和体现。已有研究表明,情境性知识较理论性知识更"接近"教学实践。

有学者对于数学教师的学科知识进行了专门的研究和探讨。毕力格图认为,高中数学教师需具备十一种基本的学科知识,包括关于数学思想的知识,关于数学概念的知识,关于数学方法的知识,关于数学思维的知识,关于数学能力的知识,关于数学关系的知识,关于数学实践的知识,关于数学文化的知识,关于数学语言的知识,关于数学符号的知识以及关于数据的知识。此外,数学教师要从整体把握数学科学体系,就要围绕学科知识的核心概念,把核心概念和衍生概念之间的纵横关系认识清楚,即要具备学科知识的核心概念以及关于学科知识发展脉络的知识。[④]

[①] 林崇德,申继亮,辛涛.教师素质的构成及其培养途径[J].中国教育学刊,1996(6):16-20.
[②] 高宝立.潘懋元先生的学术风格与治学特色[J].教育研究,2010(9):37-44,100.
[③] 喻平.教学认识信念研究[M].北京:科学出版社,2016.
[④] 毕力格图,史宁中,孔凡哲.论中小学教师专业标准中的学科成分[J].教育理论与实践,2011,31(4):33-35.

表 2.7 教师知识机构(喻平,2016)

教师知识体系	理论性知识	A 学科知识	A1 学科理论知识
			A2 对学科本体认识的知识
			A3 对学科思想方法认识的知识
			A4 学科史知识
		B 教育学知识	一般教育知识 / B1 教育知识
			一般教育知识 / B2 教育管理知识
			一般教育知识 / B3 教育技术知识
			学科教育知识 / B4 学科课程知识
			学科教育知识 / B5 学科教学知识
		C 心理学知识	教师心理知识 / C1 自我认识知识
			教师心理知识 / C2 人际交往知识
			教师心理知识 / C3 教学监控知识
			教师心理知识 / C4 教学风格知识
			学生心理知识 / C5 学生认知的知识
			学生心理知识 / C6 学生学习的元认知知识
			学生心理知识 / C7 学生学习的非认知因素知识
			学生心理知识 / C8 学生心理发展知识
			学生心理知识 / C9 学生学习风格知识
		D 其他学科知识	
	情境性知识	E 学科教学能力	
		F 情境特别的知识	

(5) 关于数学教师能力的研究

国内关于数学教师能力的研究,主要是对中小学数学教师所需的整体能力结构和单项能力结构的调查研究以及国内外数学教师能力的比较研究。傅敏等认为,现代数学教师需具备的能力结构可分为基础能力、数学能力、数学教学能力和拓展能力四个维度,其中基础能力包含认识能力、语言表达能力、人际交往能力、信息素养和终身学习的能力;数学能力包含空间想象、抽象概括、推理论证、运算求解以及数学地提出、分析和解决问题的能力;数学教学能力包含数学教学设计、教学实施、教学监控以及教学反思能力;拓展能力包含数学教研能力和创造能力。关于能力结构,她认为,基础能力是完成一般工作所需要的能力;数学能力和数学教学能力是数学教师在完成数学教育教学活动中体现其职业特点的专业能力,也是一种特殊能力;拓展能力是时代发展的需要,体现数学教师自我完善与自我发展的一种需求,是能力的较高层次。[1] 有学者针对数学教师的教学设计能力进行了研究,如刘志平对小学数学教师教学设计能力及其构成进行了探讨,他提出,小学数学教师教学设计能力由意识与态度、知识、教学设计技能三方面构成,意识和态度包括对数学学科的热爱,对数学学科本质及其教育价值进行探究的意识,教学设计的重要性意识,自主学习意识、知识管理意识、共享交流意识以及设计研究意识等。知识方面包括小学数学学科知识、教学法知识以及小学生如何学习数学的知识。技能方面包括分析、设计、评价、调整及研究的一般技能和每个技能所需的一系列子技能。[2] 可以看出,该研究所构建的教学设计能力,大多是一般性的成分,并没有突出教学设计这一研究对象。李孝诚对初中数学教师的教学设计能力进行了研究,他认为初中数学教师的教学设计能力可分为数学教学设计的观念、数学教学设计的知识与技能两个维度,其中数学教学设计的观念包含数学教学设计重要性的意识、数学教学设计过程观、数学观、数学教学观和学生观等5个指标;数学教学设计的知识与技能包含数学教材知识的理解、数学教学设计的理论基础与常用方法、学习者分析、数学教学目标的确定与表述、数学教学重难点的确定与处理、数学教学过程的设计、数学学习任务的设计、数学教学方法与媒体的选择以及数学教学设计的评价等9个指标。[3] 由此可见,该研究与之前的研究相比较,已更聚焦于教学设计本身,如对于技能指标的设置是从教学设计的步骤角度提出的。吴琼围绕高中教师专业知识对各项教学能力的影响做了调查研究,关于高中教师的教学能力,她认为包括教学设计、教学实施和教学监控能力。教学设计能力是指教师根据课程标准的要求预先对教学过程中的一切要素进行系统规划,从而实现教学目标的能力。教学实施能力是指教师在一般教学情况下有效地实施和操作所设计的教学方案,根据实际教学情境应用各种教学策略的能力。教学监控能力是指教师为保

---

[1] 傅敏,刘燚.论现代数学教师的能力结构[J].课程•教材•教法,2005,25(4):78-82.
[2] 刘志平,刘美凤,吕巾娇,等.小学数学教师教学设计能力及其构成研究[J].中国电化教育,2009(9):77-81.
[3] 李孝诚,綦春霞,史晓锋.初中数学教师教学设计能力发展的实证研究——基于网络研修共同体教师专业发展的个案研究[J].中国电化教育,2013(3):57-61.

证教学的成功、达到预期教学目标,而在教学的全过程中,不断地对教学过程进行积极主动的计划、检查、评价、控制和调节的能力。[1] 章勤琼对中澳两国数学教师的教学能力进行了比较研究,该研究反思了已有关于数学教师知识观点的局限性,他认为Ball提出的数学教学中教师所需具备的四个方面数学知识:一般内容知识、专业化数学知识、有关内容与学生的知识、有关内容与教学的知识。Ball关注的更多的是静态的知识,与教学实践关联度不够,而且缺少对课程标准的解读。因此该研究对于数学教师的教学能力建构中,重视对课程标准的解读,并且关注具体教学内容的实际教学活动。在此原则下,该研究提出了数学教学中教师教学能力的四个维度:① 相关数学知识,特别指用于教学的数学知识,围绕某个教学内容的数学知识;② 对数学课程标准理念的解读;③ 对学生数学思考的理解;④ 短期和长期的教学计划。[2] 该研究与其他研究的不同之处在于,它所建构的指标是针对具体教学内容,与具体的教学情境相关联的。正如喻平提出的教师知识包括理论性知识和情境性知识两部分,教师的教学能力也不能仅停留在一般的、静态的意义上来研究,更重要或者缺乏的是聚焦于具体教学情境的研究,由此才能发现问题,真正地将研究结论指导教学。这对于本研究也是有启示意义的,教师素养一方面需包含如一般性的理论知识等静态的知识,但理论性的知识无法直接指导实践,另一方面更要紧密围绕教学实践,基于培养学生数学素养所需高质量的教学,提出教师应具备的素养框架。

(6) 关于数学教师情意的研究

数学教师的情意素养,国内有代表性的研究来源于方勤华的研究。他把"情意"定义为:"附加在某种思想或对象之上的倾向、趋势、情绪或感情。"在此基础上,研究提出教师情意素养的两个重要组成成分,专业自我的概念和数学学习倾向。[3] "专业自我"源于凯尔可特曼(Kelchtermans)的研究,从六个方面建构专业自我概念的内涵:① 自我意向,作为一个教师的自我描述。② 自我尊重,是一种评价性的自我体验,即教师对自身的专业行为和素质作出的个人评价。③ 工作动机,是促

---

[1] 吴琼,高夯.教师专业知识对高中数学教师各项教学能力影响的调查研究[J].教师教育研究,2015,27(4):61-67.
[2] 章勤琼.国家课程改革背景下中澳数学教师专业行动能力比较研究[D].重庆:西南大学,2012.
[3] 方勤华.高中数学教师数学专业素养研究[D].兰州:西北师范大学,2009.

使教师进入教学职业,留在教学工作岗位的动机。④ 工作满意感,指教师对工作境况的满意度。⑤ 任务知觉,指教师对工作内容的理解。⑥ 未来前景,指教师对其职业生涯、工作境况为了发展的期望。① 总体而言,教师的专业自我是教师个体对自我从事教学工作的感受、接纳和肯定的心理倾向。研究表明,这种倾向将显著地影响到教师的教学行为和教学效果。对于数学教师而言,"数学专业自我"包括教师对自己数学观念的审视,对学好数学、教好数学的自信,以及对数学教师角色的积极认可。数学学习倾向指的是,教师对数学学习的爱好程度,勤奋执着程度,最终把学数学、用数学转变成一种热情、习惯和职责。数学学习倾向分三个维度:① 热爱数学并不断地学习数学新知识;② 对进行数学研究有初步的概念和愿望;③ 用数学的思维方式思考和处理问题的习惯。

2.2.1.2 关于数学教师素养的国外研究综述

关于教师素养,国外并无直接对应的概念,对教师素养研究有指导意义的是教师的专业标准(professional standard)和教学原则(principles to action)。本节主要介绍美国关于教师专业标准和现阶段州共同核心课程标准背景下数学教师教学原则的相关研究成果。

(1) 美国教师专业标准

全美教师教育认证委员会(NCATE)是美国对教师教育机构的质量作认证的最重要组织,该组织主要是对新任教师进行入职认证和评估,它制定的教师认证和评价标准具有代表性和权威性,因此可以认为该组织制定的教师专业标准是美国教师准入条件,只有符合了专业标准,才被认为具备了成为教师的基本条件,因此对教师的素养构成有指导意义。②

NCATE 2008 年发布的专业标准(*Professional Standards for the Accreditation of Teacher Preparation Institutions*),首先是基于两方面的认识前提,一是社会对人才的需求及对教师的需求:当今社会需要能够应用知识、分析推理和解决问题的劳动力;达到国家的教育目标需要对教师提出高标准。二是对教育的信念,即所有学生都能够而且应该学习。在此认识前提下,教师的专业标准除所需学位证书的要

---

① 教育部师范教育司.教师专业化的理论与实践[M].北京:人民教育出版社,2003:66-67.
② 姜勇.美国"以标准为基础"的教师证照制度的改革与启示[J].比较教育研究,2011,33(2):40-42.

求外,还提出了如下具体的成分框架。该框架整体上分为知识(knowledge)、技能(skill)和品性(disposition)三个维度,每个维度分为不合格、合格和优秀三个等级。具体内容及要求包括:① 学科知识(content knowledge),要求教师能了解所教学科的知识,并且能够解释重要的原则和概念。② 学科教学知识和技能(PCK and skills),要求教师针对具体教学内容,具备广泛的教学策略的知识和技能,并能清晰地、有意义地表述教学内容,能通过整合技术的手段进行教学。优秀教师的表现应为,通过有挑战性的、清楚的和激发兴趣的方式呈现教学内容,并能结合现实情境与技术恰当的整合。③ 一般教学知识和技能(professional and pedagogical knowledge and skills),要求教师在教学中考虑学校、家庭和社区环境的因素以及学生先前的学习经验,以发展学生有意义的学习经验;要求教师能对自身教学行为进行反思;了解关于学校教育和教学的观点;能够发现并分析教学研究成果并运用至教学实践。④ 学生学习的知识(student learning),要求教师会评价和分析学生的学习,以此对教学做出适当调整,并且监控学生的学习。了解学生的发展阶段和先前的学习经验,以发展学生有意义学习。⑤ 专业品性(professional disposition),要求教师持有公平和所有学生都能够学习的信念,并且教学行为与之相一致。①

从上述内容可以看出,专业标准从知识、能力和品性三个维度来划分,与国内关于教师素养的维度划分基本一致,这里要特别说明的是"品性",它是由"disposition"翻译而来,采用国内已有研究中的翻译。② "disposition"在韦伯词典中的解释为:一般情况下的趋势、情绪和倾向;在特定条件下表现出来的行为倾向。③ NCATE(2008)对"品性"的界定为:"品性是教育者在与学生、家庭、同事、社区交往中,通过语言和非语言行为表现出来的专业态度、价值观、信念。这些行为要有利于学生学习与发展。"④ 从历史的角度来看,"品性"这一概念,是由凯兹(Lilian G. Katz)和瑞斯(James D. Raths)在1985年最早提出并引入教师教育领

---

① National Council for Accreditation of Teacher Education. Professional standards Accreditation of Teacher Preparation Institutions[R]. NCATE,2008.
② 张建桥. 美国教师教育之"品性"标准探微[J]. 比较教育研究,2011,33(2):36-39.
③ Merriam-Webster Dictionary. Disposition [EB/OL]. https://www.merriam-webster.com/dictionary/disposition
④ NCATE Glossary. Disposition [EB/OL]. http://www.ncate.org/Standards/UnitStandards/Glossary/tabid/477/Default.aspx.

域,他们区分了"品性"与"态度"两个概念,认为"品性"是观察到的行为的总和,而"态度"是行动之前主体对客体的感受和意向。① 由"品性"的定义可以看出,"品性"与国内提出的"情意"概念,两者的内涵是相似的,其中突出对自我的肯定与信心,已有研究表明,自我肯定是个人行为的最强预测因素。② 此外,"品性"在评价上强调教师的行为表现所反映出的一致性,美国指的是教师行为是否反映出公平性和所有学生都能学习的信念。与此同时,专业标准中既包含学科知识、教育学知识和教学能力等一般性的知识与能力,还凸显了学科教学知识和技能,主要包括基于具体教学内容的教学策略,与现实相结合,整合技术的知识与能力,以及学生学习对于教学的重要性,主要指的是教学评价和了解学生的发展阶段以及先前的学习经验。在一般性的教学知识与能力方面,则强调了教师的教学反思以及将教学研究成果融入教学的能力。

(2) 美国数学教育行动原则

全美数学教师理事会(National Council of Teachers of Mathematics,NCTM)于2014年颁布了"行动原则",NCTM从数学学习的视角,构建了基于NRC数学素养和CCSSM数学实践标准的八条数学教学实践,作为实施《州共同核心数学标准》的教学框架。它吸收了过去二十年认知科学和数学教育领域相关的研究成果,代表了高水平数学教学的核心,是促进深层次数学学习的必备教学能力。如果说CCSSM规定了学生的数学实践标准(Mathematical Practices for Students),那么"行动原则"则是规定了数学教师的教学实践标准(Mathematical Practices for Teachers)。

八条"数学教学实践"包括:① 制定关注学生学习的教学目标。首先,教学目标的内容要突出学生的数学理解和数学实践;其次,教学目标的设置要联系学生连续的数学学习进程。Fosnot研究表明,相互联系的教学目标有助于学生理解数学知识之间的关联性,并且形成对数学学科是连贯一致和相互联系的看法。③ 再次,

---

① KATZ L G, RATHS J D. Dispositions as Goals for Teacher Education[J]. Teaching and Teacher Education,1985(4):301-307.

② Bandura A. Social foundations of thought and action: A social cognitive theory[M]. Englewood Cliffs, NJ: Prentice-Hall, 1986.

③ FOSNOT C T, WILLIAM. Young Mathematicians at Work: Constructing Algebra [M]. Portsmouth, N. H. : Heinemann, 2010.

教学目标的使用要兼顾教师的"教"和学生的"学"。Haystead 研究表明,能清楚理解学习目标的学生要比那些不了解学习目标的学生有更好的表现,他们往往会更专心,更好地进行自我评价和监控学习。① ② 实施促进学生数学推理和问题解决的教学任务。首先教师需要经常创设高水平的教学任务,已有研究将教学任务按照认知要求划分为四种水平,由低到高分别为识记水平、知识的机械应用水平、基于概念理解的应用水平以及"做数学"水平。"做数学"指的是将问题推广或者编制新的现实的、数学的问题,其中高认知水平的教学任务具有多种切入口,可以使用多种表征和工具以及可以通过不同的策略解决的特征。其次教师需要支持学生经历探究和解决问题的数学思维过程。③ 使用和联系数学表征。首先,引导学生使用和联系数学表征可以加深对数学知识的理解,NRC(2001)指出,"因为数学的抽象性特征,使得人们只有通过对数学概念或关系进行表征,才能获得对它们的理解。"②其次,发展学生的数学表征能力可以促进成功地解决问题。④ 促进有意义的数学交流。NCTM 指出,课堂上有意义的数学交流能给予学生分享观点、阐明理解、构建令人信服的论证、发展表达数学观点的语言以及学会从不同角度看待问题的机会。为此,已有研究构建了数学交流的五个观察点和四种水平,帮助教师明确由教师主导的数学交流到帮助学生成为交流主体的转变过程。③ ⑤ 提出有目的的问题。Walsh(2005)研究提出了问题的两种不同维度的模式:一种是以教师为中心的,提问旨在引导学生达到预设的程序或者结论,而对于出现的与预设目标不一致的学生的答案教师给予很少的关注。另一种是以学生为中心的,教师关注学生的思考,引导学生清晰地表达自己的思考,并且期待他们能够反思自己的想法以及同学的想法。④ ⑥ 基于概念的理解过程比较流畅。NCTM 和 CCSSM 都指出,

---

① HAYSTEAD M W, ROBERT J M. Meta-Analytic Synthesis of Studies Conducted at Marzano Research Laboratory on Instructional Strategies[M]. Englewood, Colo.: Marzano Research Laboratory, 2009.

② National Council of Teachers of Mathematics. Principles to Actions-Ensuring Mathematical Success For All[R]. NCTM, 2014.

③ Hufferd-Ackles K, Karen C Fuson, Miriam G S. "Describing Levels and Components of a Math-Talk Learning Community."//Lessons Learned from Research, edited by Edward A. Silver and Patricia A. Kenney. Reston, Va.: National Council of Teachers of Mathematics, 2014.

④ WALSH J A, BETH D S. Quality Questioning: Research-Based Practice to Engage Every Learner [M]. Thousand Hills, Calif.: Corwin Press, 2005.

"过程流畅"是建立在"概念理解""合适推理"和问题解决基础之上的。"流畅"并不是一个简单的概念,它有两个外在表现,问题解决方法、策略的多样性和适切性,为此 NCTM 建议教师给予学生用自己的推理策略和方法解决问题的机会。⑦ 支持学生富有成效地努力学习数学。Kapur 研究表明,教学的支持能够导致长期的益处,学生更能够将所学迁移到新的问题情境中。[1] Smith(2000)研究指出可从对学生的期待、教师的教学支持以及课堂师生表现三方面,思考产生"有成效努力"的数学课堂中师生的角色。[2] Dweck 进一步指出,学生在对自己学习能力的信念上存在两种维度,一种是相信数学能力是天生的,持有这种信念的学生在遇到困难时更容易放弃。另一种是相信学习数学的能力是后天习得的,因此持有这一信念的学生在遇到困难时更容易坚持,因为他们将困难视为他们成长或者学习的机会。而教师会很大程度上影响学生自我效能信念的形成,为帮助学生形成后一种正向的信念,教师必须针对他们的努力和进步,给予学生具体和描述性的反馈。[3] ⑧ 收集和使用学生思维的证据。包括教师需要确定对于学生的数学思考而言哪些是重要的指标;计划收集这些信息的方式;说明这些证据对于学生的学习意味着什么;然后决定如何调整教学。[4] 同时学生能利用这些信息监控自身的学习进程并进行调整改善。

从上述分析可见,正如报告中对于八条教学实践的重要性所言,它们是应对学生数学素养的培养、应对现实问题的教学指南。这些教学实践策略的提出,始终围绕学生的数学素养形成,教学是指向概念理解、推理和问题解决等有意义数学学习特征的,这为本研究构建指向学生数学素养的教师教学能力要素提供了有价值的参考。此外,该报告指出,隐藏在教学行为背后的是教师对教学、公平、课程、工具与技术、评价以及专业化等数学教育六大原则所持有的不同信念倾向,它们会对教学起到促进或者阻碍的作用。这为本研究高职院校教师核心素养的认识信念成分提供了理论源泉。

---

[1] KAPUR M. Productive Failure in Mathematical Problem Solving[J]. Instructional Science,2010,38(6):523-550.
[2] SMITH M S. Reflections on Practice:Redefining Success in Mathematics Teaching and Learning.[J]. Mathematics Teaching in the Middle School,2000,5(6):378-386.
[3] DWECK C. Mindset:The New Psychology of Success[M]. New York:Random House,2006.
[4] JACOBS V R, LISA L C L, Randolph A P. Professional Noticing of Children's Mathematical Thinking[J]. Journal for Research in Mathematics Education,2010,41(2):169-202.

2.2.1.3 关于数学教师素养的中美比较

(1) 关于教师专业标准的中美比较

我国教育部于2012年2月10日颁发了关于幼儿园教师、小学教师和中学教师的专业标准,其框架分为专业理念与师德、专业知识和专业能力三个维度。其中专业理念与师德,具体包括教师对职业的理解与认识、对学生的态度和行为、教育教学的态度与行为以及教师个人的修养与行为等四个方面;以中学教师为例,专业知识具体包括学科知识、教育知识、学科教学知识和通识性知识四个方面;专业能力具体包括教学设计、教学实施、班级管理与教育活动、教育教学评价、沟通与合作和反思与发展六个方面。[1]

与美国教师专业标准相比较而言,首先从框架上,专业知识和能力是两国标准中相同的维度,不同的是美国提出了专业品性这一维度,而中国提出的是专业理念与师德。由上述对美国教师专业标准的分析可知,教师的专业品性包含教师的态度、信念与自我效能,它是教师在与学生、家庭、同事、社区交往中,通过语言和非语言行为表现出来的专业态度、价值观、信念。对比我国提出的专业理念与师德所包含的四个要素可见,美国强调的是由教师内在的信念、价值观和自我效能等因素而导致的外在行为表现,中国强调的是教师对客观理念的认识和外在行为表现。两者之间的区别一方面可归结为"信念"与"理念"的差别,"信念"指的是对事物确定性的认识,被认为是事实或者必将成为事实的对事物的判断、观点或看法。"理念"是人类归纳或总结的思想、观念、概念与法则。"信念"是内在的,是人"是否相信这事";"理念"是外在的,是人"是否认识到这事"。因此对"理念"的认识不一定能导致人们产生与理念相符合的行为表现,而人们持有基于某种理念的"信念"则能表现出与理念相一致的评价和行为倾向。"信念"具有主观性、综合性、导向性和稳定性,导向性指的是"信念"成为人行动的指南。已有研究表明,教师的信念对教学行为实践产生影响。[2] 另一方面"专业品性"还包括教师对自我的认识或者称之为"自我效能"。"自我效能"指人对自己是否能够成功地进行某一成就行为的主观判断[3],当"自我

---

[1] 中华人民共和国教育部.中学教师专业标准[EB/OL]. http://old.moe.gov.cn//publicfiles/business/htmlfiles/moe/s7232/201212/xxgk_145603.html,2012.

[2] 喻平.教学认识信念研究[M].北京:科学出版社.2017:11-31.

[3] 引自百度百科. https://baike.baidu.com/item/自我效能.

效能"与教师的专业性相互联系时,即前文所述教师情意素养中的"专业自我",积极的心理倾向就表现为教师个体对自我从事教学工作的感受、接纳和肯定的心理倾向。由此从上述的分析可见,美国提出的"专业品性",侧重于基于教师内在心理倾向的所表现出的态度与行为,当然这种心理倾向是以一定的认知为基础的。中国的"专业理念与认识"要求教师理解认识某种教育理念并表现出特定的态度和行为。换而言之,美国对教师素养的要求是,认识它、相信它并做到它;中国是认识它,做到它。

在各子维度及观测点上,以中学教师专业标准为例,专业知识方面,两国都提出了学科知识、教育知识和学科教学知识,不同点在于中国明确提出了"通识性知识",具体包括自然科学和人文社会科学知识,中国教育基本情况,艺术欣赏与表现知识以及与适应教育内容、教学手段和方法现代化的信息技术知识。关于教育的基本情况,美国专业标准中有所提及,要求教师具备关于教育的社会、历史和哲学基础的知识;[①]对于信息技术知识,美国专业标准在学科教学知识与能力中,提出教学中整合技术的要求;但是对于自然科学、人文科学,特别是艺术欣赏与表现方面的知识,并没有专门提及。专业能力方面,中国是从教学设计、教学实施到教学评价的教学活动环节,以及班级管理与教育活动来设置子维度的,此外还包括了教师的沟通与合作、反思与发展的能力;美国是结合学科教学和一般教学来提出对专业能力的要求。虽然子维度的设置不同,但其内涵都相似,即各观测点或者是被专门列出,或者是和其他要素合并后蕴含此意。如美国将"关于学生的知识"作为一个子维度专门列出,而中国是将其纳入"教育知识"中。但是美国专门提到了:结合现实情境及与技术的整合,以有挑战性地、清楚地和激发兴趣的方式呈现教学内容。与现实情境相结合,是目前教育理念与趋势下的必然要求,因此需要作为教师素养的要素之一。

从两国教师专业标准的相互比较与借鉴中,有理由认为,可以将教师的素养分为专业知识、专业能力和专业品性三个维度。在专业知识维度中,结合上述对教师知识的已有研究结论,可以得出,专业知识可分为学科知识、教育知识、学科教学知

---

① National Council for Accreditation of Teacher Education. Professional standards Accreditation of Teacher Preparation Institutions[R]. NCATE,2008:22.

识、通识性知识和关于学生的知识,通识性知识与其他学科知识、文化知识有相似的内涵,只是名称不同,因此已有研究表明,专业知识的子维度划分是已形成共识的。值得一提的是,专业知识中,学科教学知识与其他的知识成分有不同的意义,它与具体的教学内容、教学情境密切相关,它以其他知识为基础,与教学实践有最紧密的联系,因此它是测量教师知识素养最有意义的成分。在专业能力维度中,结合上述对教师能力的已有研究,可以分为教师的学科能力、一般教学能力、教育管理能力、学科教学能力以及专业发展能力;这里的"学科"指的是教师所教授的学科。需要指出的是,学科教学能力不是泛泛而谈,是紧密围绕学生素养发展的目标,因此是基于素养的核心教学技能,美国的八条教学实践为此提供了借鉴。教师的专业发展是依据教师的"专业化"内涵提出的,教师的"专业化"一方面指的是教师对于不断增进与教学相关的知识的一种态度和倾向性,这属于"专业品性"的范畴;另一方面指的是教师教学反思、合作、研究并不断改进教学的能力,这属于"专业能力"的范畴。由此,教师能够以个人和合作的方式坚持专业标准;聚焦于学生的学习;实施基于研究的教学实践;以个人和合作的方式使用积累的见解和经验;从而不断改进教学。[①] 在专业品性的维度中,教师的信念、情感态度和自我认知是构成成分。其中信念包括对于六大教学原则的信念,对职业教育的信念、对职业教育中数学教育的信念、对数学人文教育价值的信念。情感态度包括做事的态度,对待学生的态度,对待同事的态度,对待工作的态度,对待专业发展的态度以及数学情意,数学情意可以分为数学专业自我和数学学习的倾向两个方面,其中数学学习倾向反映了教师对数学的情感;数学专业自我反映了教师对自身在数学方面的自我认知。

(2) 关于数学教师素养研究的中美比较

从上述关于数学教师素养研究的问题阈角度,可以将数学教师素养划分成学科素养及学科教学素养。国内针对数学教师的学科素养已有研究,而针对学科教学素养的研究,大多是在一般教学素养的基础上加了数学学科的背景,并没有从数学教学的目标和特征的基础上去深入具体地研究,但是也已有研究对此关注,紧密

[①] National Council of Teachers of Mathematics. Principles and Standards for School Mathematics[R]. NCTM,2014:99.

围绕数学课程标准、数学教学实践,结合具体的教学内容来研究数学教师的素养,如章勤琼对于中澳数学教师教学能力的比较研究。美国关于数学教师素养的研究,一是集中在对数学教师教学实践的要求,二是对数学教师"有成效"信念的要求。这两方面的研究,都是基于高质量数学教育的目标原则、学生数学素养的内涵以及有意义数学学习的特征,并且基于对教学现实问题的改进提出的。中国的研究结论可以视作为素养构成中的基础成分,美国的研究结论是行动准则,前者是作为数学教师都应该具备的基础素养,具有理论性和基础性,可以相对脱离教学情境来测量,是静态的;后者的行动原则是与现实的教学实践密切相关的,需在具体的教学情境中进行测量,因此更具实践性和发展性;而信念则是支撑教学行为的重要内在因素。因此两国的研究可以互为补充。

2.2.2 职教教师素养的相关研究

2.2.2.1 职教教师素养的国内研究

高职院校数学教师一方面是数学教师,另一方面也是职业教育中的教师,简称为职教教师。因此要研究高职院校数学教师的核心素养,离不开职教教师素养研究的关照。米靖从社会对从业者的要求角度建构了新型的职教教师专业能力结构。[1] 他指出,当代社会经济和产业的发展,要求从业者具备宽泛的知识基础,核心的技能,高层次的思维技巧,批判反思能力,自我学习的能力和习惯。由此反映到教师能力结构上,要求教师具备指导与咨询的知识与能力、教学专长、社会和交往能力、研究和发展能力以及自我发展能力。指导与咨询,一是依据职业特征帮助学生对其职业生涯做好规划,二是基于职业院校学生在普通教育中学习成绩并不理想的现实,帮助学生健康成长为高素质技术技能人才。为此要求职教教师一方面要熟悉所从事的专业领域,从而能指导学生形成比较完备的职业能力,并对职业发展要求较为熟悉与了解。另一方面对学生的背景和来源有充分的了解,认可学生之间的差异;同时与学生能顺畅地进行交流与沟通。教学专长,包括教学所需的专业知识、技能、态度与对产业实践的了解;突出了职业教育与普通教育不同的职业性特点,比如职业技术教学的规律和与产业现实密切结合的特点。因此社会和交往能力,指的是职教教师要和产业部门有良好的互动与合作。研究和发展能力,

---

[1] 米靖.论职业教育教师的专业化及其要求[J].职教通讯,2010(9):25-31.

要求职教教师具备教学研究和关于职业相关问题的研究能力，并将研究成果应用到教育教学中。最后自我发展能力，指职教教师的专业知识、能力、职业态度及社会责任感不断提升的能力。郑秀英从职教教师具备"双师"特征的角度分析，提出职教教师素养成分为专业化的知识结构、能力结构和素质结构。其中在知识层面，"双师型"教师所掌握的知识面应更为广阔，除本专业所必需的理论知识和专业技术以外，还包括相关的人文知识和科学知识，以及相关的文理科交叉知识。除了要精通本专业职业岗位的知识、技能、技术外，还要通晓相关专业、行业的知识、技能、技术，并能将各种知识、技能、技术相互渗透、融合和转化。能力层面，职教教师要具备操作能力、科技开发能力和教育教学能力。素质层面，职教教师必须具有良好的道德素质和职业素质。① 朱新生对职教教师素养从三个领域进行研究，他认为，职教教师在学科专业、教育领域和职业领域都应掌握一定的知识，具有一定的能力。具体地，学科专业领域，职教教师需具有扎实的专业基础及专业知识，在专业技能运用方面具有丰富的实践经验，能够跟踪本专业技术的新发展，还应掌握一定专业领域的研究方法。教育领域，要掌握一般的教育理论，特别是针对技术与职业教育的理论，掌握与专业领域相关的教育心理学和社会学知识，掌握根据先进教育理念、科学教学理论创设教学内容体系的能力，有效教学的各种技艺和学生教育的艺术，掌握现代教育技术。职业领域，要掌握职业岗位所要求的知识，具有丰富的实际经验，并具有职业领域的专业资格；了解相关职业工作过程及其特点、职业规范、职业发展路径；了解就业机会信息、劳务市场和就业结构方面的发展趋势以及职业变动等方面的前景。② 从上述研究来看，对于职教教师素养框架，仍可理解为知识、能力和品性三个维度，每个维度的内涵一方面体现了与普通教育一致的特点，如教师的专业知识、教学能力、育人活动、专业发展能力和师德等等；另一方面体现了职业教育的特殊性，围绕职业性特征提出对职教教师的要求，如职业指导与咨询，社会交往能力，特别是与产业部门的沟通，职业实践能力等等。研究结论都处于素养结构的基础理论层面，并且可以理解为是一般教学的要求加上职业性的

---

① 郑秀英,周志刚.双师型教师:职教教师专业化发展目标[J].中国职业技术性教育,2010(27):75-78.
② 朱新生,施步洲,庄西真,等.职教教师专业化内涵及培养体系构建[J].职业技术教育,2011,32(4):50-54.

特点组合而成。汤霓对于职教教师的实践知识做了专门的研究,她认为,教师专业发展的知识基础在教师教育专业化中处于核心地位,并且教师掌握了各种理论性知识,并不能保证其高效的教学行为,教学活动必须要有教师实践性知识的支持。教师实践性知识包括教师在教育教学实践中实际使用和(或)表现出来的知识(显性的和隐性的),是教师内在、真正信奉的、在日常工作中"实际使用的理论",支配着教师的思想和行为,体现在教师的教育教学行动中,简言之即"教师真正信奉,并在其教育教学实践中实际使用和(或)表现出来的对教育教学的认识"。[①] 因此,她在 PCK 的基础上提出了职业教育专业教学知识 VPCK,VPCK 是指职业教育教师将专业知识转化成学生容易理解的形式的知识,职业教育教师知道使用操作示范、类比、解释、举例等一系列方式来呈现专业内容,并了解学生理解的难点。VPCK是职教教师专业化的核心。[②] 汤霓的研究使得职教教师的素养与教学实践有更直接的联系,能更有效地指导实践;是从职业教育本身提出的。庄可利用林崇德等的教师知识结构框架,从"本体性知识、条件性知识、文化知识、实践性知识"四个方面,对广东省内 12 所职业院校的 800 多名教师进行调查。调查结果发现,职业院校教师的本体性知识和文化知识掌握得比较好,条件性知识和实践性知识缺失比较严重,普遍存在着知识结构没有及时进行更新、完善的情况。[③]

2.2.2.2 职教教师素养的国外研究

关于职教教师素养的国外研究,为与上述数学教师素养的国外研究分析相对应,主要介绍美国职教教师专业标准。美国目前影响力最大的专门针对生涯与技术教育教师的专业标准,是由美国国家专业教学标准委员会(NBPTS)开发的。2015 年颁布了最新的专业标准,即《国家专业教学标准委员会生涯与技术教育专业标准:面向 11～18 岁以上学生的教师》(第二版)(*NBPTS Career and Technical Education Standards for Teachers of Students Ages 11-18＋(Second Edition)*)。生涯与技术教育教师标准委员会是制定与开发该优秀职教教师专业标准的主体,委员会由12～15 名代表职教领域优秀教师的成员组成,大多数成员是经过国家专

[①] 陈向明.实践性知识:教师专业发展的知识基础[J].北京大学教育评论,2003,1(1):104-112.
[②] 汤霓.英美德三国职业基于师资培养的比较研究[D].上海:华东师范大学,2016:32-40.
[③] 庄可.职业院校教师知识结构调查及发展策略研究——以广东为例[J].高教探索,2016(6):97-103.

业教学标准委员会认证的教师,而其他成员则是来自学术界的专家,包括教师培训者、研究者及相关领域的专家。该标准一级指标包括9个维度,分别是学生知识、应对多样化、内容知识、学习环境与教学实践、评价、为中等后教育做准备、课程设计与管理、伙伴关系与合作、专业领导能力和反思性实践。每个一级指标又做了具体的内涵阐述和二级标准划分,具体见表2.8。①

表2.8 美国《国家专业教学标准委员会生涯与技术教育专业标准:面向11~18岁以上学生的教师》(第二版)主要内容

一级标准	一级标准阐述	二级标准
学生知识	优秀教师对分别作为学习者和独立个体的学生有丰富而全面的理解和认识,重视学生多样化的学习方式和发展阶段,创造学习环境,进行差异教学,以满足所有学生多样化需求	从整体的角度来看待学生,满足学生的学术需求,满足学生的专业需求
应对多样化	优秀教师创造公平、公正、尊重多样性的学习环境,倡导保证每个学生都能接受高质量的生涯与技术教育	
内容知识	优秀教师利用他们的技术与专业知识,以及他们跨学科的和教学的技能开发课程目标,设计教学,促进学生学习,最终促进学生在各个领域内的成功	跨学科知识与产业相关的知识
学习环境与教学实践	优秀教师设计情境化的学习环境,在让学生为中等后教育和职业做好准备的同时,培养学生的批判性思考能力、创造力、领导能力、团队合作能力以及沟通能力	在学习环境中的情境化教育,培养学生成为自主学习者,维护安全的学习环境,在职业教育课程中使用技术
评价	优秀教师设计并实施一系列有效且可靠的评价,让学生能真实反映他们的知识和技能水平,帮助他们建立目标,引导他们的技能和专业发展	设计有效且可靠的评价方式,学会利用评价的数据
为中等后教育做准备	优秀教师帮助学生进行生涯探索和知识技能的习得,使学生能够做出使他们的兴趣与天资和行业的需求、期望和要求相匹配的生涯决策	
课程设计与管理	优秀教师设计并促进与行业需求相对接的高质量的课程或项目,对相关材料和资源进行管理,以丰富课程和项目,并积累对学生有意义的教育经验	课程设计,课程管理
伙伴关系与合作	优秀教师与家庭、教育、行业和社区合作伙伴共同协作,在具有挑战性的真实世界中创造机会,同时支持能有助于学生规划、开发和完成他们的生涯目标的网络建设	与家庭成员合作,与教育和商务伙伴合作,提高课程质量,促进生涯探索和开发就业机会,将职业教育课程融入社区
专业领导能力和反思性实践	优秀教师与学校和社区中的利益相关者合作,以改善教学,促进学生学习,并为自己在工业和教学所擅长的领域中发声	

---

① NBPTS(National Board for Professional Teaching Standards). Career Technical Educational Standards for Teachers of Students Ages 11-18+[EB/OL]. http://boardcertifiedteachers.org/sites/default/files/EAYA-CTE.pdf,2015.

该标准包含的指标,可以归纳为职教教师所需具备的知识、能力和品性三个维度。其中知识维度,包括学生的知识和内容知识,内容知识突出了跨学科知识和与产业相关的知识,并且指向的是教学,要求教师能利用技术、专业和跨学科的知识设计教学。能力维度,包括设计情境化的学习环境、教学评价、职业指导与咨询、课程设计与管理以及反思、合作与研究的专业发展能力,并且突出了职教教师与社会利益相关者的合作,在产业中的领导能力。专业品性维度,表现在教师能创造公平、公正、尊重多样化的学习环境,倡导保证每个学生都能接受高质量的生涯与技术教育。

从职教教师素养的相关研究,可以进行如下总结:① 教师的素养包括理论性成分和实践性成分,理论性成分是基础,实践性成分与教学行为有更密切的联系,是教师素养的核心。② 职教教师的知识素养,不仅要求具备所教授专业的知识,还突出了跨学科的知识、人文科学知识以及与产业相关的知识。③ 职教教师的能力素养,强调基于职业院校学生特殊性,关注学生健康成长的育人能力;强调与学生、与同行、与社会利益相关者的沟通交流与合作。

对于数学教师和职教教师素养的已有研究分析,对本研究的启示意义在于:① 无论是对于数学教师的素养研究,还是对职教教师的素养研究,都反映了将素养成分理解成理论性和实践性两种成分的共性,并且研究逐步从对理论性成分的关注转变成认为实践性成分是教师素养关键的认识。因此本研究关于素养框架的构建中需包含这两种成分。② 职教教师素养的内容成分,可以看作是前文对于数学教师素养分析的一种补充。首先跨学科知识、通识性知识和与产业相关的知识,应该成为高职院校数学教师比中小学数学教师在知识素养方面所提出的更高要求。因为职业教育与"职业"密切相关,职业院校数学教育需与专业课程相互融合,这必然要求高职院校数学教师需要具备与产业相关的知识、跨学科的知识,这是职业院校数学教育功能定位的应然之义。其次高职院校数学教师的"育人"能力,与中小学教师的"班级管理与育人活动"的能力有不同的内涵,应该基于高职院校学生的特殊性和培养目标的特殊性来阐述"育人"的内涵。再次高职院校数学教师应该更为突出沟通与合作的能力,虽然他们无须与产业进行互动,但是通过前文关于高职数学教学的现状与问题的分析来看,高职院校数学教师缺乏与专业教师的有效合作,缺乏与学生的顺畅沟通是普遍反映的问题所在,因此数学教师与专业教师、与学生、与其他教师的沟通与合作能力是素养的组成部分。

第3章 研究设计

3.1 研究目的

在分析高职院校数学教师的角色并借鉴教师专业标准、数学教师教学实践标准以及关于数学教师素养和职教教师素养已有研究等理论的基础上，结合我国高职院校数学教师的实际，建构高职院校数学教师核心素养的理论框架和各项指标。通过专家访谈，对理论框架进行补充和完善，在此基础上形成高职院校数学教师核心素养量表。通过对量表的项目分析、信度分析和因素分析，建构和验证量表的建构效度。利用具有建构效度的量表对高职院校数学教师的核心素养认识情况进行全面调查，比较不同性别、教龄、职称、学历、地区和院校类别的高职院校数学教师之间的差异。借此，建构具有结构效度的高职院校数学教师核心素养量表，在理论上建立高职院校数学教师核心素养的结构体系，以反映高职院校数学教师对核心素养认识的现状，为提升高职院校数学教师核心素养提供依据，在实践中构建高职院校数学教师素养的提升路径。本研究为促进高职院校数学教师教育发展做了大量基础性工作。

3.2 研究内容

3.2.1 《高职院校数学教师核心素养量表》编制的理论基础

本研究中《高职院校数学教师核心素养量表》的编制有两个重要的理论基础。

理论基础之一是对教师素养的研究，它包括教师专业标准和数学教师素养的研究成果。教师专业标准，具体包括美国 NCATE 的一般教师专业标准、中国教育部颁布的《中小学教师专业标准》和美国 NBPTS 的生涯与技术教育教师专业标准。通过比较分析教师专业标准，确定本研究量表的三成分结构：知识(knowledge)、能力(skills)和品性(disposition)。结合已有对数学教师的学科素养、信息素养和人文素养以及对数学教师的知识素养、能力素养和品性素养的研究结论，获得三个维度因素内容及要义的理论源泉。

理论基础之二是关于高职院校数学教师角色的文件、报告等研究成果。它们具体包括未来职业发展对人才培养的需求分析，我国职业教育的发展趋势,特别是对职业院校文化基础课的要求,对职业院校教师素质提升的要求以及教育技术的发展对教育的影响等研究成果。从上述研究成果中,本研究析取出高职院校数学教师的四种角色期待,从而使得本研究量表指标内容的确定有了理论旨归。

3.2.2 建构高职院校数学教师核心素养的结构

建构符合社会需求和现实的中国高职院校数学教师核心素养结构。该问题的研究主要在方法上,通过理论建构和实证研究的方法在以往研究的基础上有所突破。我国对高职院校数学教师群体的已有研究非常有限,而且都是采用文献法确定高职院校数学教师素养结构成分,并未建构和验证量表的结构效度,影响结论的可靠程度。袁振国指出,实证研究是教育学走向科学的必要途径。[1] 本研究在文献研究的基础上采用项目分析、探索性因素分析、验证性因素分析和信度分析建构量表的结构效度。

3.2.3 分析高职院校数学教师核心素养认识的差异

利用量表进行调查和分析,并着重比较不同性别、教龄、职称、学历、地区和院校类别的高职院校数学教师群体之间对核心素养认识的主要差异及其原因。

3.3 研究思路

本研究主要分为以下四个部分。

3.3.1 高职院校数学教师核心素养的理论建构

未来职业的发展对职业能力提出了新的要求,相应地给高职院校数学教育赋予了新的时代特征和内涵。信息技术的不断发展成为改革教育的动力,也对教师使用教育技术的能力提出了更高的要求。因此本研究这一部分首先从教育变革和职业教育变革的角度分析社会对高职院校数学教师的角色期待,获得高职院校数学教师的角色定位。其次,通过对国内外相关研究进行全面综合地梳理、分析,特别是比较分析中美教师专业标准和数学教师素养的相关研究成果,并且结合我国

---

[1] 袁振国.实证研究是教育学走向科学的必要途径[J].华东师范大学学报(教育科学版),2017,35(3):4-17.

高职院校数学教学实际,确定本研究高职院校数学教师核心素养的维度结构,将高职院校数学教师的角色转化成具体可描述的因素内容及要义,从而建立高职院校数学教师核心素养理论结构。

3.3.2 高职院校数学教师核心素养的结构模型研究

这一部分的研究首先通过专家访谈的方式,检验理论建构的合理性,并且进一步补充和完善所建立的假设性理论建构,从而使编制的量表具备"专家效度"一项,以增强基于假设性理论建构的量表效度。[①] 其次通过预试,对量表进行项目分析完成量表项目的选编和评估,以形成正式测试问卷。再次通过正式测试,利用量表收集的高职院校数学教师的样本数据,进行探索性因素分析以确认量表的因素结构,从而建立量表的建构效度。在此基础上进行信度分析,获得量表的内部一致性数据。最后通过验证性因素分析,以检验量表建构效度的适切性和真实性,从而建立与实际数据相契合的因素结构模型。

3.3.3 高职院校数学教师核心素养认识的现状调查和差异比较

根据编制的具有建构效度的高职院校数学教师核心素养量表,选择不同性别、教龄、职称、学历、地区和院校类别的高职院校数学教师群体进行调查,分析调查数据,了解当前我国高职院校数学教师对其核心素养认识的现状、差异及其成因。

3.3.4 提升高职院校数学教师核心素养的路径研究

依据本研究所建构的高职院校数学教师核心素养要素以及当前高职院校数学教师对核心素养认识的整体状况和不同群体的差异性认识现状,结合我国高职院校数学教师素养提升所存在的问题,本书将从培训体系制度构建、课程体系设置、专业合作共同体形成以及针对不同群体的差异性素养提升策略等方面提出具体对策和建议。

综上所述,本研究的总体思路为:理论研究—实证研究—应用研究。研究思路框架如图3.1所示。

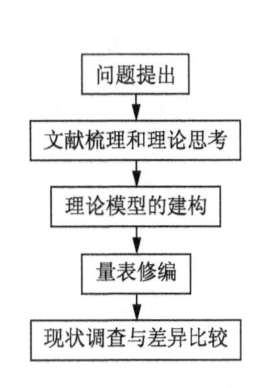

图 3.1 研究思路框架图

---

① 吴明隆.问卷统计分析实务——SPSS操作与应用[M].重庆:重庆大学出版社,2010:195-196.

3.4 研究方法

本研究主要采用理论研究和实证研究的方法,其中实证研究具体采用了项目分析、探索性因素分析、验证性因素分析以及访谈、调查与测量法。

本研究用 Likert 五点量表测量高职院校数学教师核心素养的认识,通过专家访谈建构量表的专家效度,利用 SPSS 17.0 软件进行量表的探索性因素分析和信度分析,利用 AMOS 17.0 软件,运用结构方程模型(Structural Equation Modeling,SEM)对量表进行验证性因素分析,从而建立具有建构效度的高职院校数学教师核心素养量表。通过该量表对高职院校数学教师进行调查,利用 SPSS 17.0 软件进行独立样本 T 检验、单因素方差分析等各项数据分析。具体实证研究及分析的程序如图 3.2 所示。

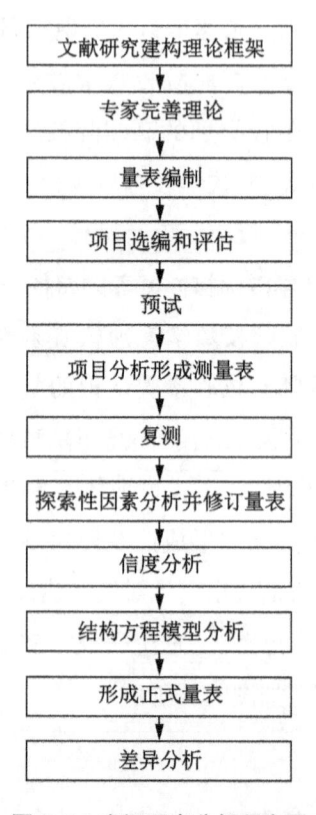

文献研究建构理论框架
↓
专家完善理论
↓
量表编制
↓
项目选编和评估
↓
预试
↓
项目分析形成测量表
↓
复测
↓
探索性因素分析并修订量表
↓
信度分析
↓
结构方程模型分析
↓
形成正式量表
↓
差异分析

图 3.2 实证研究分析程序图

第4章 理论建构

4.1 高职院校数学教师核心素养构建路径

4.1.1 高职院校数学教师核心素养的应然性要求

已有研究指出,"教师角色"的视角和理论一方面为"教师素养"研究提供了一种重要的思路,教师所应具备的素养可视为对"教师角色的期望表现"[①],因此已有研究为基于教师角色的教师素养分析路径提供了合理性支撑。另一方面,教师素养并不是凭空产生和通过主观臆想得到的,它必须紧扣社会需求,反映时代特征。也就是说,不同阶段对教育的不同要求,也会对教师素养提出不同的诉求。反之,教师素养成分是否科学,也取决于其在多大程度上能满足社会需求,即"教师角色的期望表现"。因此可以认为,从现阶段高职院校数学教师的角色出发演绎教师素养是合理路径。

关于高职院校数学教师的角色,本研究从国家文件和已有研究两个方面对其进行定位和内涵的阐释。国家文件是关于现阶段及未来一段时期内我国教育发展,特别是职业教育发展的规定,高职院校数学教师的角色,应该在国家文件所规定的框架内。已有研究既是深入解读国家文件的相关规定,又能从历史的角度、未来职业发展的角度等来审视职业教育,从而更全面地把握高职院校数学教师的角色。

首先,教育部《关于深化职业教育教学改革 全面提高人才培养质量的若干意见》(教职成〔2015〕6号)中指出,"加强文化基础教育。发挥人文学科的独特育人优势,加强公共基础课与专业课间的相互融通和配合,注重学生文化素质、科学素养、综合职业能力和可持续发展能力培养,为学生实现更高质量就业和职业生涯更好发展奠定基础。"[②]这句话对职业教育中文化基础教育的功能、目标和方式做出了规定,具体可从三个层面理解其涵义:① 文化基础教育的培养目标——学生的文化素质、科学素养、综合职业能力和可持续发展能力。综合职业能力指的是专

[①] 翁朱华. 远程教育教师角色与素养研究[D]. 上海:华东师范大学,2013:13.
[②] 教育部. 关于深化职业教育教学改革 全面提高人才培养质量的若干意见[EB/OL](2015-7-29). http://www.moe.gov.cn/srcsite/A07/moe_953/201508/t20150817_200583.html.

能力、方法能力和社会能力。其中专业能力一般指专门知识、专业技能和专项能力等与职业直接相关的基础能力,是职业活动得以进行的基本条件。方法能力包含了独立思考能力、分析判断与决策能力、获取与利用信息的能力、学习掌握新技术的能力、革新创造能力和独立制订计划的能力等;社会能力则包含了组织协调能力、交往合作能力、适应转换能力、口头与书面表达能力、心理承受能力和社会责任感等。① 因此综合职业能力既包含特定的专业能力,又包含不同职业之间共性的、基础的和可迁移的能力,这种可迁移的基础性能力是由文化基础教育对其进行培养的。对文化基础教育培养目标的规定,体现了学生全面发展与职业发展的统一,科学素养与人文素质的并重,专业能力与基础能力的共同发展。② 文化基础教育的目的——为学生实现更高质量就业和职业生涯更好发展奠定基础。由此可见,文化基础教育始终是围绕学生的就业和职业生涯发展的,这与"高等职业教育具有高等教育和职业教育双重属性,以培养生产、建设、服务、管理第一线的高端技能型专门人才为主要任务"的功能定位是一致的。② ③ 文化基础教育的实施方式——公共基础课与专业课间的相互融通和配合。这要求职业教育中的文化基础教育,除了遵循自身的学科特征外,还需兼顾与专业教育之间的融通配合,这与培养目标体现学生全面发展与职业发展相统一是互相呼应的。这说明,职业教育的文化基础教育,除具有学科特征外,同时还具有职业性的特征。而高职院校数学课程属于公共基础课,承担的正是文化基础教育。由上述的分析,可以得出以下结论:高职院校数学教育旨在培养学生的数学科学素养和数学人文素质,并且依托数学学科培养学生未来职业所需的基础的和可迁移的能力。有学者根据教育部《关于全面深化课程改革 落实立德树人根本任务的意见》中对于"核心素养"的定义演绎出数学核心素养的定义:"数学核心素养应当是学生应具备的适应终身发展和社会发展需要的必备数学品格和数学关键能力。"③按此定义,数学素养包括了数学品格和数学能力,因此它具有科学和人文双重属性。此外,数学素养是指向学生的终身发展和社会发展的需要,对于高职院校而言,社会发展需要指的是满足未来职业所需

---

① 卢兵.探索高职学生综合职业能力培养的新途径[J].中国大学教学,2011(3):84-86.
② 教育部.关于推进高等职业教育改革创新引领职业教育科学发展的若干意见[EB/OL](2015-9-29). http://www.moe.gov.cn/srcsite/A07/s7055/201109/t20110929_171561.html.
③ 喻平.数学学科核心素养要素析取的实证研究[J].数学教育学报,2016,25(6):1-6.

的要求，也就是为社会培养高素质技术技能人才的需求；学生的终身发展指的是学生的终身学习、全面发展以及多样化成才的需求，因此高职院校学生的数学素养也同时包含了学科和职业的双重特征。学生的数学素养的特征以及国家文件对职业教育中文化基础教育的定位，决定了现阶段高职院校数学教师的角色——培养高职院校学生数学素养的专业人员。

已有研究报告越来越清楚地指明，职业教育绝不是特定的专业技能培养，未来职业发展以及职业教育随之发生的变革，都表明了学生的素质或者素养培养日益重要，这也就是在职业教育中实施素质教育已形成共识的原因。具体来说，首先未来的职业需要劳动者具备数学素养，而且显得日益重要。世界经济论坛（World Economic Forum）2016 年 1 月的报告《未来的职业》中阐述了未来职业将呈现的变化趋势，着重分析了未来对职业能力需求的变化，其中 35 项能力被认为是最常被引用的与工作相关的核心技能。在这 35 项能力中，经调查发现，解决复杂问题的能力、高水平的认知能力（如创造力、逻辑推理和问题意识）、主动学习和批判性思维等将成为日益重要的核心能力，例如，到 2020 年，超过 36% 的工作需要将解决复杂问题的能力作为其核心能力之一，这些能力在未来的职业中将比具体狭隘的专业技能，比如编程、机器的操作和控制等更为重要。[1] 同样，"21 世纪技能"也阐述了未来所需要的能力，"在创新驱动经济社会中，劳动者需要不同于过去的多种技能。除了诸如读写能力和算术能力之外，他们需要包括合作、创造力和解决问题的能力以及包括持久性/勇气、好奇心和主动性的个性品质。""有技术含量的工作会更多地需要解决非结构性问题和有效地分析信息的能力。"[2]那么如何来培养这些能力？致力于培养学生数学素养的高职院校数学教育，应该融入未来职业以及社会发展的需求。这就决定了：① 数学素养应聚焦于用数学的思维方式解决问题，这里的问题包括数学和现实问题，常规和非常规问题，特别强调用不同方法解决问题的能力。这体现了核心工作能力和 21 世纪技能中对认知灵活性、创造力、批判性思维能力的培养。同时数学素养的教育也注重培养学生用数学的方法提出问

---

[1] World Economic Forum. The Future of Jobs: Employment, Skills and Workforce Strategy for the Fourth Industrial Revolution[R]. World Economic Forum, 2016:3-26.

[2] World Economic Forum. New Vision for Education: Unlocking the Potential of Technology[EB/OL]. http://www3.weforum.org/docs/WEFUSA_NewVisionforEducation_Report 2015.pdf.

题,这与工作能力中的"问题意识"相互呼应。② 数学素养教育日益重视对学生学会学习的能力、数学交流以及自我评价等能力的培养,这与职业核心能力中主动学习、倾听、审视自身和口头表达、阅读写作等能力以及21世纪技能中的合作能力是相吻合的。③ 数学素养的教育培养学生的数学推理、直观想象和知道何时使用何种合适的技术去解决问题的能力,这些都直接是职业所需的核心能力或与其密切相关。④ 数学素养的教育不仅重视学生的数学能力,还关注学生的数学人文品格。

上述分析可以说明,未来职业需要高职院校的数学教育是以培养学生数学素养为目标的,而高职院校学生的数学素养又是以适应未来职业为重要目的,这也就阐释了"为学生实现更高质量就业和职业生涯更好发展奠定基础"的涵义。国内诸多学者的研究文献表明,无论是未来职业的要求,还是职业教育的职业性和育人性,都决定了职业教育不能仅仅注重对学生的知识传授和技能培养,更要始终把职业人格的塑造、职业精神的培养摆在首位。[①] 也有学者提出,职业教育应培养兼具科学素养与人文素养的职业人。[②] 数学素养兼具科学和人文素养,数学的严谨性和精确性是其他学科所无法比拟的,在开拓数学真理道路中坚持真理、敢于批判、勇于创新的探索精神,也是数学重要的教育价值体现。因此未来职业教育的培养目标中,学生的数学素养是不可或缺的,同时也说明,高职院校的数学教育需要以培养学生的数学科学素养和人文素养为目标,两者缺一不可。

综上所述,有理由认为,高职院校数学教师的角色之一是培养数学素养的有效教学者。高职院校学生的数学素养,在已有研究对其内涵界定的基础上,要更加凸显其科学和人文、数学和职业的双重特征,以满足未来职业和21世纪发展对人才的需求。具体表现为:① 对高阶能力的重视,包括用数学的思维方式解决复杂问题的能力,特别是解决非结构化的问题以及用不同方法解决问题的能力,还包括创造力和批判性思维的能力,从而培养学生在职业情境中科学思维的能力。② 对数学交流的重视。数学交流,指的是能不同程度地以阅读、倾听等

[①] 董奇.人格本位:高职课程发展的突破与超越[J].教育发展研究,2014,34(11):47.
[②] 孙长远,庞学光.惟"何以为生":职业教育面临的问题及其消解[J].中国职业技术教育,2016(12):12-17.

方式识别、理解、领会数学思想和数学事实；并能以写作、讲解等方式解释自己问题的解决方法、过程和结果；针对他人的数学思想和数学事实做出分析和评价。① 数学交流能力是职业所需的倾听和交流能力在数学学科中的体现，这也是之前数学教育中没有引起充分重视的方面。③ 对数学品格的重视。数学品格可具体表现为能有解决难题时坚持不懈的品质和钻研的精神，崇尚科学和追求真理的价值观以及严谨求实的态度。这对应着未来职业日益需要的职业精神，也支撑了21世纪技能中的个性品质的培养。教师在其中扮演着培养高职院校学生数学素养的有效教学者的角色。在这里，"有效教学"指的是与培养学生数学素养相适应的教学。

其次，无论是学生的数学素养培养目标，还是更广泛的职业核心能力和21世纪技能，都意味着学生的学习内容、学习方式等学习内涵相较于20世纪所要求的读写算（Reading，Writing，Arithmetic，简称3RS）将产生根本性的变化。然而通过调查发现，许多国家的学生并没有能够获得21世纪所需的技能，也就是说，目前的教育与21世纪所需要的教育之间仍存在差距。在如今技术快速发展的时代，技术可以成为支撑21世纪技能教育的一种新视野。技术通过提供个性化和调适性的学习内容和课程、开放的教育资源以及服务于教师专业发展的数字工具等形式来缩小现实与教育目标之间的差距。而要实现技术的功能，对于课堂教学而言，关键在于将技术整合到教学的各环节中，包括教学实施、持续的教学评价、适当的教学干预和对学习结果的跟踪，从而形成一个教学的闭环。② 美国教学质量中心与"2030教师解决方案"小组共同研制的《教学2030》报告中也指出，21世纪技术的快速发展推动学习环境和技能要求的极大改变，教学因此也要产生变革。"21世纪初虚拟工具和网络的出现，开辟了新的学习地带，学生可以在任何时间和地点学习。到2030年，互动性的媒体环境和沉浸式的学习游戏会进一步提高学生的认知技能。技术发展带来的智能教学，将提供混合式、定制化的内容和情境。这些将对教学提出新的要求。"③

---

① 徐斌艳.数学学科核心能力研究[J].全球教育展望，2013(6):67-74.
② World Economic Forum. New Vision for Education: Unlocking the Potential of Technology[R]. World Economic Forum, 2015:1-13.
③ 邓莉,彭正梅.面向未来的教学蓝图——美国《教学2030》述评[J].开放教育研究,2017,23(1):37-45.

由此可见,教育技术是缩小差距的重要手段,教育技术的不断创新,已经展现出巨大的潜力;同时,要利用教育技术的功能,离不开教师在课堂教学中对于教育技术的使用,教育技术引发了教学的变革。因此对教师角色提出了新的要求:① 教育技术绝不是起替代教师的作用。例如翻转课堂的目的,并不在于将教师的一部分工作由技术进行完成,减轻教师的工作量,而是利用教育技术,使教师从一些技术能解决的事务中解放出来,从而更加聚焦于问题解决、创造力和合作的能力培养,并且能利用技术的力量进行动态的评价和跟踪学习。这里教师更重要的作用体现在整合教学技术资源的教学决策与设计。教育技术只是手段,不是目的,教师需要决定如何使用教育技术辅助来实现有效教学。余胜泉指出"科技不会取代教师,但会用科技的教师会取代不会用科技的教师;人工智能也不会取代教师,但善于利用人工智能的教师,会取代对此一无所知的教师。"①② 教育技术不仅影响教学方式,而且影响教学内容。例如,教育技术能够支持诸如项目、实验、探究和自适应等学习方法和某些学习内容的教学实施。虚拟技术能使学生学习一些抽象的科学概念,如果没有教育技术的使用,在课堂上这些概念的学习将很困难。游戏软件应用于教学,可以培养学生的高级推理水平,教学中使用教育技术可使学生进行个性化学习等。因此,教师需要识别如何充分利用教育技术有效地促进学生的学习。③ 教育技术一方面为教师的专业发展提供数字化资源,另一方面对教师的不断学习、增进教学能力也提出要求。"过去对于教师的培训更多地集中于针对学生传统能力培养的教育技术的使用,现在需要聚焦在针对学生21世纪技能的培养上;教师需要更为有效地培养他们自己的技能,如整合教育资源等。"②此外在国家文件中明确提出了对职业教育教师信息素养的要求,并"将现代信息技术应用能力作为教师评聘考核的重要标准。"③

综上所述,有理由认为,高职院校数学教师的角色之二是整合技术资源的有效教学者。该角色有以下两层涵义:① 教育技术的发展已经在改变教学的内容与方

---

① 余胜泉. 未来,我们需要什么样的教师[EB/OL](2017-6-27). http://news.sciencenet.cn/htmlnews/2017/6/380527.shtm.

② World Economic Forum. New Vision for Education: Unlocking the Potential of Technology[R]. World Economic Forum, 2015:12.

③ 国务院. 关于加快发展现代职业教育的决定[EB/OL]. http://www.gov.cn/zhengce/content/2014-06/22/content_8901.htm.

式,如世界经济论坛报告的观点,教育技术具备支持21世纪技能培养所需的潜力和功能,将教育技术看作是缩小差距的一项有力手段。在数学教学中,教育技术的作用,已从计算器等工具发展到各种教育技术平台的使用,因此,教育技术作为一种资源支持教学已成为一种现实和趋势,忽视、排斥教育技术的使用,将会丧失以培养学生数学素养为目标的有效教学的机会。对于教师而言,需要认识到教育技术辅助教学的重要性,并且形成对于教育技术积极的认识信念,从而具备整合教育技术资源的敏感性。② 教育技术只是促进培养学生数学素养的教学手段,其本身不是目的,教师需要识别如何充分利用教育技术真正地促进学生进行有意义的数学学习,因此教师的角色不仅包含整合教育技术资源,还包含"有效教学"之义。具体指的是,教学需与培养学生数学素养的要求相一致,例如教育技术辅助教学是否能进一步地培养学生用数学思维解决复杂问题的能力,是否有助于培养学生进行数学交流的能力,是否能促进学生的数学理解等,这些都是与学生数学素养的内涵相吻合的,也是检验教学有效性的标准。反之,教育技术的整合并不会比之前的教学更有效果,例如,仅是让学生自主看教学视频,在课堂上完成作业的"翻转课堂"设计,并不比"传统"的教学方法更为有效,因为这样做并没有在学生数学素养的发展上发挥更大的作用。

再次,由21世纪技能和未来职业能力所导致的培养目标变化以及由教育技术迅速发展而导致的教学手段变革,都意味着现阶段的教师比以往任何一个时代都更需要知识的更新和专业的成长。NCTM将"专业化"(professionalism)作为教学原则(guiding principles)之一,具体包含以下两层涵义:① 数学教师的专业性。它体现在坚持专业标准,知道并能实施基于研究的教学实践,聚焦于学生的学习等方面。② 数学教师的专业发展。它表现为增进与教学相关的知识,如数学内容知识、数学教学知识和关于学生的知识;通过教学研究、教学反思不断改进教学以及成为终身学习者和做数学者(doers of mathematics)等。强调教师"专业化"的目的在于:通过每位教师的"专业化"过程,促进所有学生在学习数学方面取得成功。NCTM也提出了教师之间的合作、教学反思是促进教师"专业化"的有效策略。[1]

---

[1] National Council of Teachers of Mathematics. Principles to Actions-Ensuring Mathematical Success For All[R]. NCTM, 2014:99-108.

《教育部 财政部关于实施职业院校教师素质提高计划(2021—2025年)的通知》中指出："加强教师的师德养成、专业知识更新、实践技能积累和教学能力提升。""帮助教师更新教育理念,提升教学能力、研究能力和管理能力,解决教育教学中的实际问题。"①将职业院校教师的专业知识更新、教学能力和教学研究能力的提升作为教师素质提高的组成部分。具体地,对于高职院校数学教师而言,已有研究表明,高职数学教学目前存在与专业联系不紧密、学生对学习不感兴趣、教学手段单一等问题,加强数学教师与专业教师的合作,更新数学教师的知识结构,提升数学教师的教学能力才是解决对策。因此,无论是教师的"专业化"特征,还是改变教学现状的现实要求,都需要高职数学教师朝着培养学生数学素养的有效教学方面进行专业成长。

综上所述,有理由认为,高职院校数学教师的角色之三是增进有效教学的专业成长者。它包含两层涵义:① 高职院校数学教师是具有"专业"特征的群体,围绕学生数学素养的培养,具有专门的数学学科内容知识和数学教学知识,能够实施基于研究的教学实践,并且坚持教学标准,这些都是"有效教学"的组成内容。② 高职院校数学教师需要在专业方面不断发展与成长。通过与其他教师、专家和研究者开展交流互动,通过教学反思和教学、科学研究等手段增进有效教学所需的知识和教学能力。

最后,对于教师这个职业而言,无论教育内涵、外在环境如何改变,"师德"都是其永恒的主题,而且对于"师德"的要求历来都占据教师队伍素质的首要位置。新时代教师队伍建设需弘扬高尚师德,要求广大教师争做有仁爱之心、扎实知识、道德情操、理想信念"四有"教师。②《教育部、财政部关于实施职业院校教师素质提高计划(2017—2020年)的意见》中指出,"需要加快建成一支师德高尚、素质优良、技艺精湛、结构合理、专兼结合的高素质专业化的'双师型'教师队伍。"面向2030年的教学蓝图,虽然教师招聘的标准更为严格,但是研究指出,适应2030教学需求的教师仍然是具备学科内容知识(content)、有效交流能力(communication)与良好

---

① 教育部,财政部.关于实施职业院校教师素质提高计划(2021—2025年)的通知.
② 中共中央,国务院.关于全面深化新时代教师队伍建设改革的意见[EB/OL](2018-01-31).http://www.gov.cn/xinwen/2018-01/31/content_5262659.htm.

品格(character)的"3C教师"①。

因此,高职院校数学教师的角色之四为具有良好品格的师德践行者。具体地,它有以下五层涵义:① 从事职业教育的荣誉感和责任感。对于高职院校数学教师,意味着需具有培养学生的数学科学和人文素养,服务学生的职业发展和全面发展的使命和担当。② 热爱教育事业,具备敬业和奉献精神。教师的"激情＋创造力＋专业知识＝变革的力量。"①对于高职院校数学教师而言,特别需要对数学和数学教学持有积极的态度。③ 给予所有学生以关心与支持,不放弃任何一名学生。NCATE在教师的"专业品性"标准中,明确将公平和相信所有学生都能够学习作为其核心内容。② 对于高职院校数学教师而言,为学习基础各异的学生都能够提供有效教学,使每位学生都能进行有意义的数学学习,在数学上都能得到不同的发展,是良好品格的应有之义。④ 具有良好的数学品格。具体指的是,高职院校数学教师需具备崇尚科学和追求真理的态度、严谨求实和钻研的精神以及能够欣赏数学之美,这是由数学的人文特征所决定的。⑤ 具有良好职业道德修养,为人师表是所有教师职业品格的体现。

高职院校教师的角色定位,对教师的核心素养提出了特定要求。因此本研究所构建的高职院校数学教师核心素养框架,是通过教师角色所蕴含的对教师素养的要求进行推理演绎而得到的,因此教师核心素养的成分就不是凭空产生,而是紧密贴合社会对教育的需求而提出的。由此建构的教师素养框架,才有可能提供与社会需求相符合的高质量的高职院校数学教育。在此演绎过程中,需要特别指出的是,从高职院校数学教师作为"培养数学素养的有效教学者"这一角色演绎教师素养时,不仅要着眼于基于素养的教学来演绎教师的素养成分,而且也应从学生的数学素养内涵来演绎教师的素养成分,这一推理是基于本研究持有的一个前提:培养学生的数学素养,教师首先应当具备这样的数学素养。因此可以将"应然性"角度的教师素养构建遵循的两个前提表述为:① 培养学生的数学素养,教师首先应当具备这样的数学素养。② 高职院校数学教师的核心素

---

① BERRY C. Teaching 2030: What we must do for our students and our public schools—Now and in the Future[J]. Issues in Teacher Education, 2011,20(2):110-114.

② National Council for Accreditation of Teacher Education. Professional standards Accreditation of Teacher Preparation Institutions[R]. NCATE, 2008.

养要能够支撑以培养学生数学素养为目标的有效教学。具体地,已有研究围绕高职院校数学教师四个角色对教师素养提出的要求有哪些结论在文献综述中已详细阐述,此处不再赘述。

4.1.2 高职院校数学教师核心素养的实然性分析

对于高职院校数学教师核心素养的构建,除了从社会需求的角度演绎之外,还离不开对于现实状况的分析,脱离现实的教师素养框架,一方面存在着因为缺乏现实针对性而成为空中楼阁的危险,另一方面存在着因为缺乏与实践相结合而无法有效地解决现实问题的可能性。因此本研究紧密结合高职院校数学教与学的现状,旨在填补"社会期待"与"现实状况"之间的"缺口"——通过构建"高职数学教师核心素养"的理论框架,来应对社会需求和教学现实之间的差距。因此将该演绎路径称为对高职院校数学教师核心素养的实然性分析。具体地,本研究从两个角度进行分析:① 为解决高职院校数学教学目前存在的问题,从数学教师素养角度提出解决对策,来得到高职院校数学教师迫切需要提升哪些核心素养。② 基于对高职院校数学教师素养调查的已有研究结论,来得到高职院校数学教师迫切需要提升的核心素养有哪些。

将文献综述的相关结论梳理如下:① 高职院校数学教师需要建立与高职数学教育功能相一致的教学理念。高职数学教育功能,指的是高职数学教育为未来职业的核心能力、21世纪技能所需的学生数学素养的培养所提供的教育支撑。与此功能相一致的教学理念,指的是基于对高职院校学生数学素养内涵的理解而持有的与之相符合的认识信念、态度和价值观。已有研究表明,教师现有的教学理念与社会对高职数学教育的需求是不相符的,教师不是十分清楚或者片面理解高职学生数学素养的内涵,未能与职业核心能力、21世纪技能等未来需求相结合,教师也未能充分理解基于学生数学素养的有效教学的涵义,因此也就从根本上影响教师实施发展学生数学素养的教学实践。② 高职院校数学教师需要完善知识结构,特别是加强数学在专业应用中的知识、数学人文知识和教学知识。知识是素养形成的本源,因此教师的知识结构是教师素养的基础。[①] 无论是培养学生数学素养的教学目标,还是教育技术引起的教学手段变革,都对教师的知识结构提出新的要

---

① 喻平.发展学生学科核心素养的教学目标与策略[J].课程·教材·教法,2017,37(1):48-53.

求。但是已有研究表明,目前高职院校数学教师的知识结构是有缺陷的,就数学学科内容而言,缺乏如何将数学应用于专业的知识,缺乏数学建模、数学实验的知识,缺乏数学文化知识。关于数学教学方面,缺乏关于学生的知识,以及在此基础上对数学知识组织、调整与呈现,并进行教学,以适应学生的不同学习需求、激发学生学习兴趣的知识。③ 高职院校数学教师需要提升教学能力,包括能充分利用教育技术资源支持学生进行有意义数学学习、会使用多样化的教学策略的能力,也包括教学反思、教学研究和科学研究等方面的能力。关于整合教育信息技术的能力,高职院校数学教师目前尚未在课堂教学中进行充分地运用,原因有:一是由于对自身教育技术使用能力的不自信,甚至对其持有负面的认识;二是对哪些教学环节可以整合教育技术、利用教育技术辅助的目的以及如何使用都不是非常清楚。这两个方面严重影响了教师整合教育技术能力的提升。此外,高职院校数学教师的教学研究能力不强,缺乏将研究成果应用于教学实践的能力,缺乏与校内外同行、与专业教师进行沟通与合作以改进自身教学的能力。因此本研究提出高职院校数学教师需要成为研究者,以促进自身专业发展。④ 高职院校数学教师需要对工作抱有积极的态度,对数学教学持有积极的情感。已有调查结果显示,高职院校数学教师对于职业的认同感不高[1],专业动机不够强烈,多数教师无成就感[2],这都将对基于学生素养发展的有效教学产生不良的影响。

4.1.3 高职院校数学教师核心素养因素构建

高职院校数学教师核心素养的指标构建,是本研究的主体部分,该部分旨在缩小"社会期待"与"现实状况"之间的"缺口",通过构建"高职数学教师核心素养"具体因素和指标,来填补社会需求和教学现实之间的差距。具体而言,本研究借鉴了美国 NCATE 教师专业标准的理论框架(conceptual framework)[3],将教师素养首先分为知识(knowledge)、能力(skills)和品性(disposition)三个维度,其中"品性"

---

[1] 曹培芳.高职数学教师素质研究[D].扬州:扬州大学,2006:18-20.
[2] 范国蓉.云南省高等职业院校数学教师专业发展现状调查与策略研究[D].昆明:云南师范大学,2007:30-32.
[3] National Council for Accreditation of Teacher Education. Professional standards Accreditation of Teacher Preparation Institutions[R]. NCATE,2008:14-16.

指的是人的趋势、情绪和行为倾向,具体由信念(belief)、态度(attitude)和价值观(value)构成。① 此处要说明的是,本研究框架采用"品性"替代"理念""师德""品格",一是强调教师内在认识信念与对客观理念认识之间的区别,具体在前文对于中美教师专业标准的比较中有详细阐述;二是突出评价的可操作性,从"专业品性"的组成不难看出,它既包含了"师德"与"品格"的涵义,又进一步划分了可操作性的成分,突出由内在心理倾向而表现出的外在行为。因此,本研究对于高职院校数学教师核心素养指标的构建,源于教师角色和现状在三个维度上的体现,源于已有的理论基础。

4.1.3.1 理论来源

高职数学教师核心素养成分的理论基础来源于三个维度:关于数学教师素养的理论、关于职教教师素养的理论以及关于教师专业标准的理论。① 关于数学教师素养的理论维度。本研究汲取了国内关于数学教师的知识、技能以及数学教师学科素养、人文素养和信息素养等研究的结论,具体结论见文献综述部分;另借鉴了美国 NCTM"基于素养的数学教学核心技能",一方面说其是"核心技能",因为该"数学教学技能"(mathematics teaching practices)被认为是"为增强数学教学提供了一个框架……既反映了学习原则,又反映了过去二十年所积累的教学知识……代表了促进深层次数学学习所必需的教学技能(teaching skills),它是高水平教学的核心。"另一方面说其是"基于素养"的教学技能,因为该"数学教学技能"是针对学生的"数学素养"和"数学实践"培养而提出的。② 具体详见文献综述部分对于该主题的详细阐释,此处不再赘述。与此同时,该"数学教学技能"是在六大教学原则的框架下提出的,六大教学原则指的是:获取与公平、课程、有效教学、评价、工具与技术和专业化。③ 因此美国 NCTM 提出的"基于素养的数学教学核心技能"既能代表美国关于教学实践方面最新且最具权威性的研究成果,又与培养学生数学素养的教育目标以及高职院校数学教师的角色相符合。② 关于职教教师素

---

① NCATE Glossary. Disposition[EB/OL].
② National Council of Teachers of Mathematics. Principles to Actions-Ensuring Mathematical Success For All[R]. NCTM,2014.
③ National Council of Teachers of Mathematics. Principles and Standards for School Mathematics[R]. NCTM,2014.

养的理论维度。本研究一方面基于国内关于职教教师专业化的研究成果,另一方面借鉴美国职教教师专业标准,汲取反映职教教师特殊性的素养成分。③ 关于教师专业标准的理论维度。教师专业标准与教师素养有密切联系,因此本研究借鉴了美国教师专业标准中关于"知识"、"能力"和"品性"的具体内容,并且与中国教师专业标准进行了比较,在分析两者异同之处的基础上进行借鉴,具体详见文献综述部分,此处不再赘述。

4.1.3.2 角色和现状的体现

本研究将高职院校数学教师的四种角色要求反映在"知识"、"能力"和"品性"中。

首先,"培养学生数学素养的有效教学者"角色在三个维度上的体现。基于素养的教学,需要教师的知识结构、教学能力以及专业品性各维度的支撑。具体来说:① 知识维度,基于已有的研究结论及素养教学的要求,教师的数学学科知识应更加突出数学思想方法、数学建模和数学实验等数学应用性知识,但教师关于数学概念、命题等的理解及其相互之间的关系依然起重要作用。此外,对于高职院校数学教师而言,数学学科与科学、技术、工程相结合的知识以及与人文、社会、艺术相结合的跨学科知识也是不可或缺的,一方面可以基于对数学在学生所学专业中应用的理解,培养学生解决复杂问题等未来职业所需的核心能力,另一方面可以通过了解数学的人文知识,为培养学生的数学人文品格以及增强数学的教育形态提供基础。教师的数学教学知识,一方面是教育理论性知识,另一方面同等重要的是关于学生的知识。对于高职数学教师而言,只有多去理解学生的思维,判断学生可能遇到的困惑,了解激发学生兴趣的方法,才能获得更好的教学效果。例如在准备例题时,教师要判断学生是否会有兴趣,能否吸引学生;在布置任务时,要能预判学生可能的做法,以及任务的难易程度是否合适;教师要能倾听学生的解释,以及领会学生用他们的语言所表达的想法。① 美国 NCATE 专门将"关于学生的知识"列为教师"专业知识"的一条重要指标,在高职教学现状的调查研究中,也强调教师在该方面的知识有待提升。此外,教师的数学学科教学知识(PCK)仍然起到重要的作用,它决定了教师是否能面对特定主题,将数学知识组织、调整与呈现,并进行有效

---

① 黄友初.基于数学史课程的职前教师教学知识发展研究[D].上海:华东师范大学,2014:65.

教学。② 能力维度，高职院校数学教师需具备与培养学生数学素养相符合的数学能力和数学教学能力。在数学能力方面，特别突出提出问题和解决问题、数学交流等能力，这是由数学素养的内涵所决定的。在数学教学能力方面，基于素养的教学要求在设置数学教学目标、创设教学情境、提出教学问题以及教学评价方面都将培养学生的数学素养贯穿其中。此外，教师的教育管理能力对于学生品德的树立、身心的健康发展、数学人文品格的形成都起到重要的作用。③ 品性维度，要实施基于素养的数学教学，高职院校数学教师需对数学教学和数学知识都持有与培养学生数学素养相符的认识信念。这与现状调查中提出的更新高职院校数学教师的专业理念是一致的。

其次，"整合教育技术资源的有效教学者"角色在三个维度上的体现。① 知识维度，高职院校数学教师要成为整合教育技术资源的有效教学者，离不开教育技术理论与实践知识的支撑，特别是在具体教学情境中，知道在各教学环节使用什么教育技术，为何使用以及如何使用的知识。② 能力维度，高职院校数学教师要掌握利用技术解决问题，特别是解决复杂问题的能力，并且要有意识地将教育技术的力量应用到课堂教学的各环节，以促进学生的有意义数学学习，发展数学素养。③ 品性维度，高职院校数学教师要对教育技术持有积极的认识信念，相信技术是数学教学的有力工具，数学教育需要培养学生使用合适的信息技术解决问题的能力。同时要对自身使用教育技术充满信心，愿意并且相信自己能在数学教学中使用信息技术。

再次，"增进有效教学的专业成长者"角色在两个维度上的体现。① 能力维度，高职院校数学教师要成为一名专业成长者，以增进其有效教学，需要具备专业发展的能力，其中教学研究、教学反思和与教育相关者沟通合作的能力至关重要，当然作为高校教师，进行数学研究的能力也是专业成长的保障。② 品性维度表现为两个方面，一是坚持专业标准的态度，对于高职数学教师而言，面对学生基础薄弱这一教学现实，相信所有学生都应该获得高质量的教学支持，并且愿意通过有效教学支持所有学生进行有意义的数学学习，是坚持专业标准的体现。二是对自身专业发展的态度，能够确定专业发展的目标，寻求与校内外同行、专业教师和专家等的合作进行专业学习的机会，使自己成为一名终身学习者和做数学者，是对该角色的要求。

最后,"具有良好品格的师德践行者"角色在"品性"维度上的体现。具体表现在热爱教育事业、热爱工作的敬业和奉献精神,对培养学生数学素养、服务学生全面发展的教育使命和责任担当以及给予所有学生关心支持,不放弃任何一名学生,与同事友好相处的态度,为人师表的行为表现。

4.1.4 高职院校数学教师核心素养理论构建路径图

本研究关于高职院校数学教师核心素养的构建路径如图 4.1 所示。

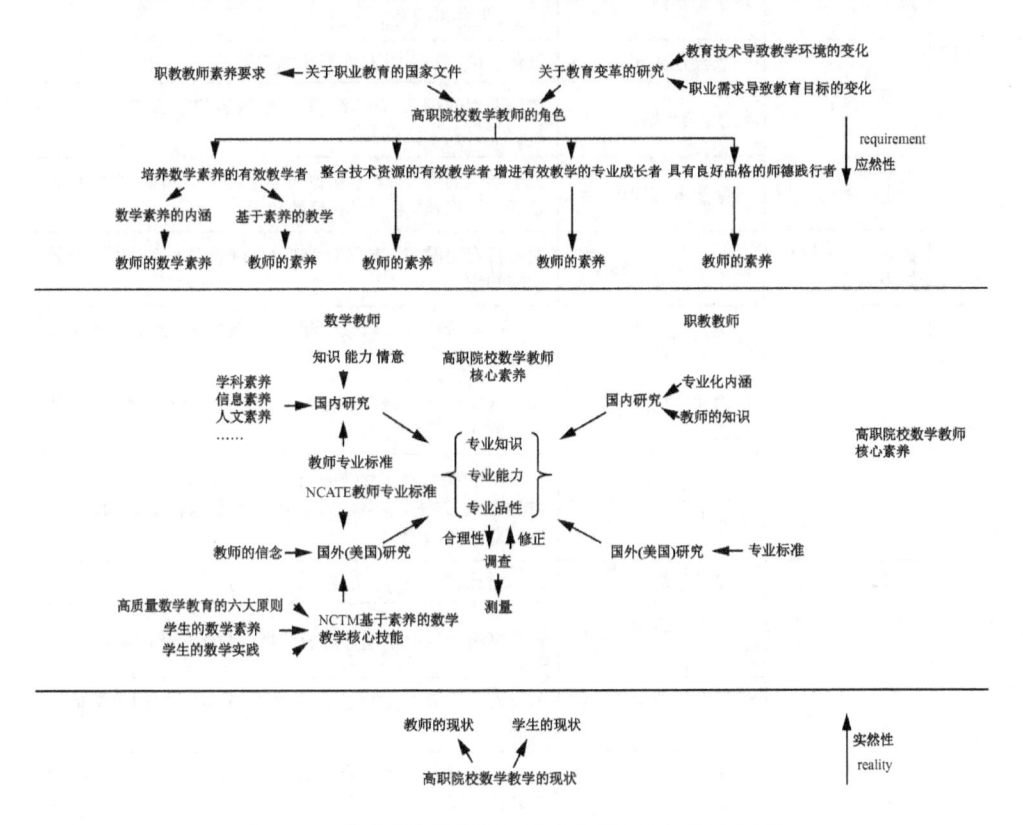

图 4.1 高职院校数学教师核心素养理论构建路径图

4.2 高职院校数学教师核心素养理论框架

根据上面的分析,本研究提出与高职院校数学教师核心素养相关的 49 个因素,这 49 个因素的名称及含义见表 4.1。

表 4.1　初步析取的 49 个高职院校数学教师核心素养要素

因素			内容与要义
知识	数学学科知识	数学思想方法	数学科学体系中知识的核心思想与方法
		数学史	数学学科发展史以及关于知识发生发展的知识
		数学理论知识	数学核心概念和它们相互之间的关系以及数学在现实生活、专业领域和其他学科中应用的知识
	跨学科知识	跨学科知识	数学学科与科学、技术、工程相结合的知识以及与人文、社会、艺术相结合的知识
	教育学知识	一般教育学知识	教育理论、教育管理、教育技术知识
		数学教育学知识	数学课程的理念、整体结构、教学内容的重点和难点以及数学学科教学法的知识
	学生学习的知识	学生学习的知识	关于学生的来源、学习基础和学生思维的知识,学生身心发展的知识,学生学习心理的知识
	数学学科教学知识	数学学科教学知识	面对特定主题,将数学知识组织、调整与呈现,并进行教学的知识
能力	数学能力	基本数学能力	数学抽象、数学推理、数学建模、直观想象、数学运算和数据分析的能力
		精确地使用数学语言的能力	精确地使用数学语言进行对象的表征、形式化表达、推理以及数学交流的能力
		提出问题和解决问题的能力	在分析和探究情境的基础上提出数学问题,并采用各种数学知识、方法、策略以及利用技术解决问题,特别是解决复杂问题的能力
	一般教学能力	一般教学能力	教学设计、教学实施和教学监控能力
	数学教学能力	设置数学教学目标的能力	设置聚焦学生数学素养达成清晰的教学目标的能力
		创设数学教学情境的能力	创设有利于学生数学素养发展的、有挑战性的教学情境的能力
		引导学生使用不同数学表征的能力	引导学生使用不同的数学模型表征问题,并明晰不同数学表征之间联系的能力
		促进学生数学交流的能力	促进学生有机会分享自己的观点,阐释自己的理解,构建有说服力的论证,用合适的语言进行表达,并且能学会从不同角度看问题的能力
		提出有目的的教学问题的能力	提出问题,用于收集教学信息、探究学生思维、促进学生联系不同的数学对象、促进学生反思和论证并引导学生自己提出问题的能力
		支持学生用不同策略解决问题的能力	帮助学生在理解概念的基础上,灵活地选择方法和策略解决跨学科的问题和数学问题,能够理解和解释所选择的方法并且得到正确答案的能力

续表

因素			内容与要义
能力	数学教学能力	鼓励学生坚持不懈解决难题的能力	鼓励学生在解决难题时坚持探究、反思,持之以恒地付出努力的能力
		实施教学评价的能力	实施关注学生思维品质和学习态度的教学评价,收集证据从而改进教学;并且利用教学评价引导学生审视自身的学习过程,反思错误从而改进学习方法;引导学生提出问题和建议,从而帮助同伴学习的能力
	教育管理能力	组织管理能力	与学生进行有效地沟通与交流的能力
		心理健康教育能力	针对学生心理特点,引导学生形成积极的心理品质和乐观向上的品格的教育能力
		数学人文教育能力	引导学生形成崇尚科学、追求真理的思想观念以及严谨求实的思维品格的能力
		思想品质教育能力	引导学生形成爱岗敬业、诚实守信、办事公道、服务群众、奉献社会的职业道德的能力
	专业发展能力	教学研究的能力	进行教学研究,并将研究成果应用于教学实践的能力
		教学反思的能力	对自身教学实践进行反思、分析以改进教学的能力
		与教育相关者沟通合作的能力	能与校内外同行、专业教师、教育专家等进行沟通与合作的能力
		数学研究的能力	研究数学问题的意识和能力
品性	认识信念	对数学教育价值的认识信念	相信职业教育和高职数学教育对于人才培养的价值与功能
		对数学教学公平性的认识信念	相信所有学生都能学习数学,都应该获得高质量的教学支持;不同的学生需要得到不同的教学支持
		对教育技术的认识信念	相信技术是数学教学的有力工具,数学教育需要培养学生使用合适的信息技术解决问题的能力
		对课程资源的认识信念	相信教学内容是动态变化的;相对于教材等显性的教学资源,教师更应注重挖掘隐性的教学资源
		对教学本质与过程的认识信念	相信教师的角色是设计任务,引导学生在探索任务中进行推理和问题解决;设计数学交流,促进学生分享对数学的理解。教师能够提供学生合适的挑战,鼓励学生坚持不懈地解决问题,并且在学生遇到困难时给予支
		对问题解决教学的认识信念	相信数学教学应该聚焦于数学理解和问题解决,包括对常规数学问题和复杂的现实情境或专业背景中的问题解决。给所有学生探索问题解决的各种策略与方法的机会
		对教学方式的认识信念	相信数学教学不是仅限于讲授与练习,阅读自学、独立思考、动手实践、自主探索、合作交流等都是学习数学的重要方式

续表

因素			内容与要义
品性	认识信念	对数学教学的认识信念 / 对教学评价的认识信念	相信评价内容不只是知识技能的掌握程度,更关键的是学生的思维品质、学习态度和学习习惯;评价目的不仅是为数学教学提供信息,改进教学,而且帮助学生监控学习过程,促进自身学习;评价学生综合表现的准确信息,应包括多种评价策略和任务的各种数据
		对数学知识的认识信念 / 对数学知识价值的认识信念	相信数学的科学价值、应用价值、文化价值和审美价值,欣赏数学的智慧之美
		对数学知识真理性的认识信念	能体会数学真理的严谨性和精确性
		对自我的认识信念 / 对自身使用教学技术的认识信念	相信自己能在数学教学中使用信息技术
		对自身数学学习的认识信念	相信自己能成功学习数学新知识以及用数学的思维方式思考和处理问题
		对自身数学教学的认识信念	相信自己能够提供给学生高质量的数学教学
	态度	对待工作的态度 / 工作的责任心	具有培养学生的数学科学素养和人文素养,服务学生的职业和全面发展的使命和担当
		工作的认同感/满意度	接纳、肯定自身的工作,乐于成为一名高职数学教师
		工作的奉献精神	热爱教育事业,愿意为其奉献自己的精力和时间
		工作作风	崇尚科学、追求真理的科学态度和严谨求实、探索钻研的理性精神
		对待他人的态度 / 对待学生的态度	给予所有学生以关心与支持,不放弃任何一名学生
		对待同事的态度	善于接受同事的反馈和专家的指导意见,与其他同事建立良好的关系,融入团队
		对待专业化的态度 / 对专业发展的态度	确定专业发展的目标,寻求与校内外同行、专业教师和专家等的合作进行专业学习的机会,具备终身学习的态度
		对专业标准的态度	坚持专业标准

第5章 高职院校数学教师核心素养结构

5.1 预研究

5.1.1 专家访谈

5.1.1.1 研究目的

进行专家访谈的目的是检验理论框架建构的合理性，并且进一步补充和完善所建立的假设性理论建构，由此编制的量表具备"专家效度"一项。在社会科学领域中，近年来也倡导专家效度。在使用者根据理论假设编制测验或量表后，请相关的学者专家加以检视。学者专家包括实务工作者、有此相关研究经验者、有学术背景的学者等。因此有理由认为，通过专家访谈，可增强基于假设性理论建构的量表效度。

5.1.1.2 参与专家

本研究涉及数学教育和职业教育两个领域，因此一方面有必要听取数学教育专家和职业教育专家的意见；另一方面，本研究借鉴了美国的相关理论，因此访谈了中美相关领域的专家和实务工作者。参与研究的专家共有20人，其中15人来自中国，5人来自美国。中国的15名学者专家中包含7名数学教育领域的专家，6名职业教育领域的专家以及2名高职院校数学教师。美国的5名学者专家中包含1名数学教育领域的专家，2名职业教育领域的专家以及2名社区学院的数学教师。参与本研究专家基本情况见表5.1。其中姓名用编号表示，其余内容为真实信息。

表5.1 参与研究专家基本信息情况表

序号	编号	单位	职称	职务	类型
1	CS1	湖北工程学院	教授	副院长	中国数学教育专家
2	CS2	湖南师范大学	副教授	教师	中国数学教育专家
3	CS3	杭州师范大学	教授	二级学院院长	中国数学教育专家
4	CS4	南京师范大学	教授	教师	中国数学教育专家
5	CS5	温州大学	教授	教师	中国数学教育专家
6	CS6	南京师范大学	教授	副所长	中国数学教育专家
7	CS7	南京师范大学	教授	教师	中国数学教育专家
8	CZ1	常州信息职业技术学院	副教授	二级学院院长	中国职业教育专家

续表

序号	编号	单位	职称	职务	类型
9	CZ2	常州信息职业技术学院	副教授	二级学院院长	中国职业教育专家
10	CZ3	江苏理工学院	教授	二级学院副院长	中国职业教育专家
11	CZ4	江苏师范大学	教授	教师	中国职业教育专家
12	CZ5	江苏航运职业技术学院	教授	副院长	中国职业教育专家
13	CZ6	江苏建筑职业技术学院	教授	副院长	中国职业教育专家
14	CT1	常州信息职业技术学院	副教授	教师	中国高职院校数学教师
15	CT2	常州信息职业技术学院	讲师	教师	中国高职院校数学教师
16	AS1	National University, USA	Professor	Lecturer	美国数学教育专家
17	AZ1	Cerritos College	Professor	Program director	美国职业教育专家
18	AZ2	California State University Long Beach	Professor	Lecturer	美国职业教育专家
19	AT1	Long Beach City College	Mathematics Instructor	Mathematics Instructor	美国社区学院数学教师
20	AT2	Long Beach City College	Mathematics Instructor	Mathematics Instructor	美国社区学院数学教师

5.1.1.3 研究工具

专家访谈提纲。根据前期文献研究和思想框架，编制"专家访谈提纲（中国数学教育专家）""专家访谈提纲（中国职业教育专家、中国高职院校数学教师）"和针对美国专家的访谈提纲，具体包括 *Consent to Participate in Research* 和 *Interview Questions*。专家访谈提纲详见附录 A。

访谈提纲采用开放式问题的设计，旨在探究专家对高职院校数学教师所应具备的核心知识、能力和品性的观点，补充研究建立的假设性理论架构的完整性。在访谈提纲的设计中，针对不同访谈群体采用了不同的导语设计，例如针对中国数学教育专家，导语中将中国高等职业院校的类型和层次、现阶段国家定位、主要生源类型以及现阶段高等职业院校数学教师的主要入职条件和职责等加以说明。该设计思路一方面与本研究理论框架建构路径相一致，高职院校数学教师的核心素养是由社会需求和现实状况所决定的，只有建立在对中国高等职业院校现阶段发展背景的认识基础上，才可能提出合理的、准确的和有针对性的观点，另一方面也是基于中国数学教育专家在这方面的认识可能有所欠缺的假设。中国职业教育专家、中国高等职业院校数学教师对此有所认识，因此不加以特别的说明。对于美国数学教育专家、美国职业教育专家和美国社区学院数学教师,因访谈意见收集旨在合理借鉴以开拓本研究的思路,所谓合理借鉴,指的是经由研究者批判性的思考,吸收符合中国国情的观点,所以对中国高职院校背景不做特别说明。需要指出的是,导语中特别对社区学院兼具升学和职业技术教育两种功能加以说明,因为这一功能定位既是中国高职院校和美国社区学院所具有的共同之处,也是基本的认识前提。此外,导语也做了共同内容的设计,即将高职院校数学教师的核心素养事先规定为知识、能力和品性三种成分,特别地对于"品性"部分具体包括信念、态度和价值观做出说明,这是本研究所确立的访谈基础,因此事先规定在此框架下进行意见收集。

在访谈问题的设计中,考虑到对于中国数学教育专家更多的是需吸取他们基于学科研究背景下的认识,因此访谈问题直接对于关键知识、关键能力和关键品性设置独立的三个问题。而对于中国职业教育专家,基于他们对职业教育和高职院校的发展情况比较了解,因此分别设置了关于高职院校数学教师的角色、关键知识能力和品性素养以及高职院校数学教育亟待解决的问题等三个独立的问题,用于检验本研究建立的假设性理论框架的合理性,也进一步进行补充与完善。美国专家的访谈问题设计,因重点在于收集他们关于教师核心素养的观点,因此采用与中国数学教育专家相同的问题设计。需要特别指出的是,根据美国研究的相关要求,在针对美国专家的访谈设计中需包含"consent to participate to research"。

5.1.1.4 访谈方式

本研究采用书面访谈的方式,事先将针对不同专家群体的访谈提纲,通过电子邮件的方式发送至对应类型专家的邮箱,如某位专家属于中国数学教育专家类型(具体见"专家基本情况表"),即将"专家访谈提纲(中国数学教育专家)"以附件的形式发送至该专家的电子邮箱,在邮件正文中简要说明访谈的目的和意见反馈的时间。同意接受访谈的专家在指定时间内填写好访谈提纲,将其反馈至作者的电子邮箱。访谈时间为 2017 年 7 月 1 日至 7 月 25 日。

5.1.1.5 数据编码

根据专家填写的访谈提纲文本材料,基于本研究所划分的教师核心素养的知识、能力和品性三个维度,将专家意见在此三个维度上分别归类编码。编码信息包含以下几个方面:① 序号,由两个数字表示,第一个数字代表该条观点所属的维度,其中知识为维度1,能力为维度2,品性为维度3;第二个数字代表该条观点在该维度中的序列。例如 2-3,表示的是属于能力维度的第三条观点。② 内容,指该条观点的具体内容。③ 专家,指提出该观点的专家,用专家编号表示。④ 人数,指提出该观点的专家人数。⑤ 比例,指提出该观点的专家占访谈专家总人数的比例。将专家提出的所有观点按此规则进行编码,不同观点被赋予不同序号,不考虑观点之间的包含关系。本次访谈共析取 58 条数据,其中属于知识维度的有 14 条数据,能力维度的有 28 条数据,品性维度的有 16 条数据,编码结果具体见表 5.2。

表 5.2 访谈数据编码表

序号	内容	专家	人数	比例(%)
1-1	数学学科知识	CS1、CS2、CS3、CS4、AT1、AT2、AZ1、AZ2、CZ2、CZ3、CZ4、CZ6	12	60
1-2	数学理论知识	CS5、CS6、CS7、CZ5	4	20
1-3	数学思想方法的知识	CS6、CS7	2	10
1-4	数学史和数学文化的知识	CS6、CS7	2	10
1-5	数学应用的知识	CS2、CS7、CZ4、CZ6	4	20
1-6	教育学知识	CS1、CS7、AT1、CZ2、CZ3	5	25
1-7	课堂管理知识	AT1、AZ2	2	10
1-8	心理学知识	CS1、CS3、CS7、AT1、AZ2、CZ3	6	30
1-9	现代教育技术知识	CS1、CS2	2	10
1-10	数学教育学知识	CS2、CS3、CS4、CS6、CS7	5	25
1-11	服务专业的背景知识	CS1、CZ1、CZ2、CZ4、CZ5	5	25
1-12	关于学生的知识	CS5、AZ1、CZ3、CZ5、AS1	5	25
1-13	学科教学知识(简称 PCK)	CS4、CS6、CZ2	3	15
1-14	跨学科知识	CS1、CS6、CZ2、CZ3	4	20
2-1	数学能力	CS7、CZ2、CZ5	3	15
2-2	数学应用能力	CS2、CS3、CS7、CZ2、CZ3	5	25
2-3	逻辑思维能力	CS3、CZ2、CZ3、CZ5	4	20
2-4	认识能力	CS7	1	5
2-5	数学交流能力	CS7、AT1、AT2、AZ1、CZ2	5	25
2-6	人际交往能力	CS1、CS7、AS1	3	15
2-7	确定教学目标的能力	CS1	1	5
2-8	开发利用教育资源的能力	CS1	1	5
2-9	分析和组织教材的能力	CS1	1	5

续表

序号	内容	专家	人数	比例(%)
2-10	编写教案的能力	CS1	1	5
2-11	与专业融合的教学能力	CS2、CS6、CZ4	3	15
2-12	面向学生多样性的教学能力	AZ2	1	5
2-13	数学教学能力	CS3、CS5、CS6、AT1、AZ2、CZ2、AS1	7	35
2-14	教学设计能力	CS1、CS4、CS7、AS1	4	20
2-15	教学实践能力	CS1、CS4、CS7、AZ1	4	20
2-16	教学评价能力	CS1	1	5
2-17	应用现代教育技术教学的能力	CS1、CS2、CS6、CS7、CZ2、AT2	6	30
2-18	更新知识的能力	CS1、CS7、CZ6	3	15
2-19	教学研究能力	CS1、CS6、CS7、CZ2、CZ3	5	25
2-20	科研能力	CS3、CS4、CZ3	3	15
2-21	教学反思能力	CS4、CS6、CS7、AT1	4	20
2-22	专业发展能力	CS7、AS1	2	10
2-23	与专业教师协作的能力	CZ2、CZ4	2	10
2-24	鼓励学生形成积极的数学情感的能力	AZ1、AZ2、AT2、CS7、AS1	5	25
2-25	组织管理能力	CS1、AT1、AZ1、AZ2、CZ3、AS1	6	30
2-26	培育学生健康身心的能力	CZ2	1	5
2-27	指导学生树立正确人生观的能力	CZ2	1	5
2-28	感染学生热爱知识和严谨求实的能力	CZ2	1	5
3-1	教师的职业责任	CS1、AZ1、AS1	3	15
3-2	教师的职业态度	CS1、AS1	2	10
3-3	教师的职业纪律	CS1	1	5
3-4	教师的职业作风	CS1	1	5
3-5	教师的职业荣誉	CS1、CZ2、CZ3	3	15
3-6	理解高职院校数学教育的价值	CS2、CS7、CZ4、CZ5	4	20
3-7	理解数学知识的价值	AZ2、CS7	2	10
3-8	相信自身的数学学习能力	AZ2	1	5
3-9	数学教学公平性的认识信念	AZ1、AZ2	2	10
3-10	爱岗敬业	CS3、CS5、CS7、AT1、CZ2、CZ3	6	30
3-11	严谨治学和探索钻研的理性精神	CS7、CZ2	2	10
3-12	关爱学生	CS3、CS7、AT1、AT2、AZ1、CZ2、CZ3	7	35
3-13	尊重学生的差异性	CS6	1	5

续表

序号	内容	专家	人数	比例(%)
3-14	为人师表	CS5、CS7	2	10
3-15	终身学习	CS6、CZ2、CZ4、CS7	4	20
3-16	开放的胸怀和乐观精神	CS6、CS7、AT1、CZ2	4	20

5.1.1.6 研究结果

(1) 知识维度的数据分析

① 专家观点内涵及观点之间的关系

"1-2 数学理论知识""1-3 数学思想方法的知识""1-4 数学史和数学文化的知识"和"1-5 数学应用的知识"可视为"1-1 数学学科知识"的组成部分，即数据 1-2 至 1-5 具体阐释了 1-1 所包含的要素。由持有这些观点的专家人数可以得出：(a)数学学科知识是高职院校数学教师的关键知识要素。(b)数学学科知识包含数学理论知识、数学思想方法的知识、数学史和数学文化的知识以及数学应用的知识。其中有专家指出：数学史知识不仅包括数学学科发展史，还包括数学文化发展史，如数学与其他学科的联系，数学发展中的人文成分和数学美等，因此本研究将该观点概括为"数学史和数学文化的知识"。

"1-6 教育学知识""1-7 课堂管理知识"和"1-9 现代教育技术知识"可以理解为一般教育学知识，它们与"1-10 数学教育学知识"组成了教育学知识。"1-8 心理学知识"与"1-12 关于学生的知识"之间的关系：1-8 指的是学生学习的心理规律和思维发展的知识；1-12 指的是关于所教学生个体特征和个体差异的知识。有专家这样表述："高职学生的学习热情、对知识和技能的喜好程度和一般本科生有所不同，教师需要知道如何调动他们积极性，如何包装知识，让学生能快乐有效地学习。"(CS5)教师需要针对高职院校学生的特点组织教学(CZ3、CZ5)。"Generally, community college students struggle with math, so a qualified teacher should know how to make math understandable, teach it from a conceptual level and be able to utilize instructional strategies that are effective."(AZ1)"Understanding students: am I willing to learn all that I can about my students?"(AS1)"1-11 服务专业的背景知识"指的是关于学生专业及职业核心能力对数学素养需求的知识。有专家这样表述："高职院校数学教师需要熟悉国家和地方重点发展产业的背景和发展趋势,通过企业调研梳理出专业面向的岗位技术和技能对数学的具体需求,并整理归纳出典型的数学模型和数学应用工具。""(高职院校数学教师)必须尽快熟悉各专业面向的产业,梳理出典型的数学应用,以专业为载体,讲解数学知识和应用案例。数学教师必须集中学习和了解本校各专业的培养目标和主要培养内容,必须定期进行企业调研。"(CZ2)"(高职院校数学教师需要)具有一定的专业知识,即面向职业教育的特定专业要有一定的了解,以便更好地服务专业。"(CZ4)"(高职院校数学教师需要)了解所授学生的专业概况及核心岗位能力,注重数学与专业的结合与融通。"(CZ5)"1-13PCK"指的是数学学科教学知识,即面对特定主题,将数学知识组织、调整与呈现,并进行教学的知识。

② 对初步框架的补充与完善

根据专家的观点,对初步框架可做如下的补充与完善。

第一,在数学学科知识中,将"数学史知识"修改为"数学史和数学文化的知识"。"数学史知识"更多地是指数学的学科发展史,教师通过了解数学史从而知晓数学知识的发生发展过程。但是有专家特别指出,教师不仅要具备关于数学学科发展史的知识,而且要了解数学与外部的联系以及数学的文化发展史。美国NBPTS也指出:"(teachers should) know the productive connections between mathematics and other fields of human endeavor—connections that have given mathematics a remarkable history of intellectual service to problem solving and decision making across time and cultures."[1]除了数学与外部的联系外,数学文化发展史还包括了数学的人文成分、数学美和数学家的故事等,这些都是对数学文化广义上的理解。[2] 因此本研究将其概括为"数学史和数学文化的知识",这也是培养高职院校学生数学人文素养的必要条件。新增"数学应用的知识"指的是数学如何在科学、技术、工程、人文、社会学科中被应用的知识。从该条数据的专家人数可以看出,它与"1-2数学理论知识"有着同等重要的地位,因此有理由将其列入教师的核心素养成分。由此,修改后的"数学学科知识"包含"数学理论知识""数学思想

---

[1] National Board for Professional Teaching Standards. Mathematics Standards for Teachers of Students ages 11-18+(third edition)[R]. 2016:23.
[2] 顾沛. 数学文化[M]. 北京:高等教育出版社,2008:6.

方法的知识""数学史和数学文化的知识"以及"数学应用的知识"。

第二,在初始框架中,"学生学习的知识"更多地是指关于学生学习的心理规律和思维发展的知识,与"1-8"内涵相同。依据专家意见,"学生学习的知识"还应包括关于所教学生个体特征和个体差异的知识(1-12)。从1-8和1-12的专家人数几乎相当可以推出,这两种知识都是"学生学习的知识"的重要组成部分。而且从其内涵也可以看出,一方面指的是关于学生学习的一般性理论知识,另一方面指的是关于所教学生个体特点的实践性知识,既包括学生的已有数学知识基础、数学学习方式等认知因素,又包括学生对数学的看法、数学学习的态度和愿望等非认知因素。美国 NBPTS 在"关于学生的知识"(knowledge of students)中指出:"(teachers should) understand the impact of prior mathematical knowledge, home life, cultural background, individual learning differences, student attitudes and aspirations, and community expectations and values on students and their mathematics learning."[①]因此有理由认为将"学生学习的知识"分为"关于学生学习的心理规律和思维发展的知识"和"关于所教学生个体特征和个体差异的知识",两部分是合理的。

第三,将"跨学科知识"改为"其他学科知识"。一方面,初始框架中的"跨学科知识"指的是,数学学科与科学、技术、工程、人文、社会和艺术等学科相结合的知识,旨在熟悉数学如何在这些学科中应用,这一层面的意思可以理解为"数学应用的知识"之义。另一方面,辛涛等指出"(教师)还要有广博的文化知识,这样才能把学生引向未来的人生之路"。"学生的全面发展,在一定程度上取决于教师文化知识的广泛性和深刻性。"[②]因此该层面指的是教师不仅需具备数学学科知识,还应具备广博的其他学科知识,这样才能取得最佳的教学效果,引导学生全面发展。

第四,专家意见较初始框架新增了"服务专业的背景知识",具体指的是关于学生专业及职业核心能力对数学素养需求的知识。该条数据的专家人数与"1-6 教

---

① National Board for Professional Teaching Standards. Mathematics Standards for Teachers of Students ages 11-18+(third edition)[R]. 2016:16.

② 辛涛,申继亮,林崇德.从教师的知识结构看师范教育的改革[J].高等师范教育研究,1999(6):12-17.

育学知识""1-10 数学教育学知识"等相当,根据此与它们具有同等重要的地位。而且从持有该观点的专家类型来看,有 80% 来自中国职教专家,可以看出从职业教育的角度,对这一知识的重视程度。从其内涵也可以看出,高职数学教育是围绕学生的数学素养培养展开的,这一数学素养不是凭空产生的,它是根据学生未来职业所应具备的核心能力而被提出来的。根据前述理论构建路径中的观点,对于高职院校的数学教师,首先要提供的是围绕"数学素养",而非数学知识技能的高质量数学教育,其次要实现学生的"数学素养"与"职业能力"培养的融通与配合,对于数学教师本身的素养而言,其构成要素的各方面都要体现出这一"融合"的要求。这一知识正是该观点的体现。为更好地反映该知识关于职业与数学素养的关系,将其命名为"职业中数学素养的知识"。

综上所述,高职院校数学教师素养框架中的知识成分,修改为数学学科知识,具体包括数学理论知识、数学思想方法的知识、数学史和数学文化的知识、数学应用的知识;教育学知识,具体包括一般教育学知识和数学教育学知识;学生学习的知识,具体包括学生学习心理的知识和学生学习个体的知识;职业中数学素养的知识;其他学科知识以及 PCK。数学学科知识可以理解为本体性知识,教育学知识、学生学习的知识、职业中数学素养的知识,其他学科知识可以理解为条件性知识,PCK 是实践性知识。

(2) 能力维度的数据分析

① 专家观点内涵及观点之间的关系

"2-2 数学应用能力"可以看作一种数学能力,它是"2-1 数学能力"的组成部分。"2-3 逻辑思维能力"从数学推理的角度来看,它也是一种数学能力,但与此同时它也可以被理解成一种认知能力,它是"2-4 认识能力"的组成部分。"2-7 确定教学目标的能力""2-8 开发利用教育资源的能力""2-9 分析和组织教材的能力"以及"2-10 编写教案的能力"可以看作"2-14 教学设计能力"的组成部分。"2-18 更新知识的能力""2-19 教学研究能力""2-20 科研能力""2-21 教学反思能力"以及"2-23 与专业教师协作的能力"则可以理解为"2-22 专业发展能力"的要素。

"2-11 与专业融合的教学能力"有专家指出"链接学生所学专业与教师所教数学的能力,这是职业院校数学教师所特有的能力"。"一方面能够在自己的数学课程教学中融合一定的专业知识,尤其是专业案例的讲解,以更好地掌握数学知识;另一方面能够与专业课程教师合作,将数学知识融合到专业课程的实施中。"从专家的观点中可以看出,"与专业融合"需要贯穿到各个教学环节中,它是培养学生未来职业能力所需数学素养的一种有效手段。"2-12 面向学生多样性的教学能力",专家指出:"Understanding Diversity: Diversity is a big issue in classroom. A good teacher has to be aware of diverse group of students that attend the class as well as diverse learning methods. Therefore, a good teacher approaches teaching with respect to various learning methods such as Visual, Auditory, and Kinesthetic."因为教师所面对的学生往往是来自不同的群体,有着不同的学习方法,所以教师需要具备满足不同学生需要的教学能力,例如采用多种教学方法。"2-13数学教学能力",指的是整合数学知识与教学知识进行教学的能力,喻平指出,教师在知识结构基础上形成的学科教学能力,称之为 PCA。它是在知道"是什么"的前提下走向知道"怎么做",表现出面对具体教学情境教师综合利用知识结构的动态过程。[①]

② 对初步框架的补充与完善

根据专家的观点,对初步框架可做如下的补充与完善。

第一,将数学能力划分为一般数学能力和数学应用能力。有 5 位专家提出"数学应用能力"是核心能力成分,在初始框架中,"提出问题和解决问题的能力"的内涵与"数学应用能力"一致,而"基本数学能力"和"精确地使用数学语言的能力"与"数学应用能力"相对,可以理解为"一般数学能力",这样划分更为清晰。因此将"数学能力"划分为"一般数学能力",指的是数学抽象、数学推理、直观想象、数学运算的能力,以及"数学应用能力",指的是与职业教育相关的数学建模和数据分析能力,突出职业教育的需求。

第二,将"一般教学能力"和"数学教学能力"整合为"数学教学能力",在"数学教学能力"的各要素中体现教学设计、教学实践和教学评价等不同的教学环节对教师的能力需求。通过专家的观点可以看出,划分角度不同,因此观点上呈现出上下位之间的关系,例如"2-14 教学设计能力"包含着"2-7 确定教学目标的能力"

[①] 喻平.数学教学的三种水平及其理论分析[J].课程•教材•教法,2012,32(1):63-69.

"2-8 开发利用教育资源的能力""2-9 分析和组织教材的能力"以及"2-10 编写教案的能力",但是在理论框架建构中必须使用一种标准进行划分以避免重复。因此,本研究选择将"一般教学能力"与"数学教学能力"进行整合,通过"数学教学能力"中的不同要素来体现"一般教学能力"的要求,从而也就选择借鉴专家具体的教学能力观点,即为 2-7 至 2-17。

具体地,在"数学教学能力"中,增加"2-8 开发利用教育资源的能力"和"2-17 应用现代教育技术教学的能力",有以下几点理由。第一,国家关于高职教育的文件中明确提出,为了扩大优质教育资源,一是"支持专科高等职业院校学习和引进国际先进成熟适用的职业标准、专业课程、教材体系和数字化教育资源"[①],二是"各地、各职业院校要组织开发一批优质的专业教学资源库。"[②]因此基于国家层面对于高职院校发展的要求,需要教师具备整合各类优质的教育资源,特别是教育技术资源的能力。这与教师作为"整合技术资源的有效教学者"是相一致的,优质教育资源不一定都需要教师去开发,但是被引进的教育资源要在教学中真正发挥作用,需要的是教师的整合教育资源的能力,即对教育资源进行符合自身教学需求的再加工。因此增加该能力,将其表述为"整合各类优质教育资源,特别是教育技术资源的能力"。与此同时,有 6 位专家提出"应用现代教育技术教学的能力",前文文献综述中也指出提高教师的信息素养、提升教师的信息化教学能力是国家对教师素养建设的迫切要求。另外,专家提出的"2-9 分析和组织教材的能力"和"2-10 编写教案的能力"并没有被纳入其中,首先提出这两个观点的专家人数分别只有一人,而且本研究认为,这两条能力是教师的基本能力,在现阶段及未来高职教育发展中并没有凸显其重要的作用,基于本研究是在建构教师的核心素养,应该选取其关键和核心的成分,所以并未将这两条能力进行增列。第二,专家提出的"2-11 与专业融合的教学能力",本研究并未选择将其增列进教师的能力成分,是基于以下考虑:"与专业融合"并不是目的,而是培养学生职业所需数学素养的手段,因此关键是围绕培养学生的数学素养来开展教学。本研究借鉴了美国数学教师协会

---

① 教育部.高等职业教育创新发展行动计划(2015—2018 年)[EB/OL](2015-10-21).http://www.moe.edu.cn/srcsite/A07/moe_737/s3876_cxfz/201511/t20151102_216985.html.

② 教育部.关于深化职业教育教学改革 全面提高人才培养质量的若干意见[EB/OL](2015-7-29).

(NCTM)的八条教学实践，它是围绕学生数学素养的培养而提出来的教学行动原则，因此有理由认为这八条教学实践就是指向学生数学素养培养的不同环节。本研究选择在各教学实践环节中体现"与专业融合"的手段的要求，如初始框架中的"设置教学目标的能力"，它的具体内容为：设置与专业相融合、发展学生数学素养的教学目标的能力。"创设教学情境的能力"指的是创设有利于学生数学素养发展的教学情境的能力，高职院校学生的数学素养都蕴含了未来职业所需之义，必然要与专业相融合才能进行培养，因此本研究认为"与专业融合的教学能力"已贯穿到各条教学能力中，故不予以单列。在此建构原则下，"2-12 面向学生多样性的教学能力"也不进行增列，而体现在各数学教学能力的内涵中。例如初始框架中的"创设教学情境的能力"，它的内涵就包含了考虑到学生的不同背景，教师将学生的文化、语言、背景和条件融入教学任务的创设要素中，从而使得学生对该教学情境有共同的理解。在初始框架的"数学教学能力"中，"引导学生使用多种数学表征的教学能力""促进学生灵活解决问题的教学能力"都蕴含了依据学生不同的知识基础和不同的学习方式等提供符合学生不同需求的教学的能力。

第三，有 7 位专家提出"数学教学能力"，由上述对专家观点内涵的阐释中，可见它是基于 PCK 而形成的一种教学能力。由此获得启发，比起静态的 PCK，学科教学能力（PCA）更直接地表达了对教师的需求，即整合数学知识与教学知识进行教学的能力。为避免重复，本研究选择在知识维度去除"PCK"，而在教学能力中增列"学科教学能力"。

第四，初始框架中"专业发展能力"中的"数学研究能力"修改为"科学研究能力"。高职院校数学教师作为高校教师，不仅要做教学研究，还要做科学研究，若仅为"数学研究能力"显得过于狭隘，没有凸显出本质。另外，专家提出的"更新知识的能力"，本研究认为在"专业发展能力"的各要素中都有所体现，如与校内外同行合作，就是为了增进知识、改进教学，做科学研究、教学研究，也同时达到了知识更新的目的，因此不予单列。

综上所述，将高职院校数学教师素养框架中的能力成分修改为数学能力、数学教学能力、教育管理能力和专业发展能力。其中数学能力包括一般数学能力和数学应用能力；数学教学能力包括学科教学能力（PCA）、设置教学目标的能力、整合教育资源的能力、创设教学情境的能力、引导学生数学表征的能力、提高学生数学建模水平的能力、提高学生数学交流水平的能力、发展学生数学推理水平的能力、促进学生灵活解决问题的能力、引导学生形成积极数学情感的能力、实施教学评价的能力以及信息化教学的能力；教育管理能力包括组织管理的能力、心理健康教育能力、数学人文教育能力以及思想品质教育能力；专业发展能力包括教学研究能力、教学反思能力、专业合作能力以及科学研究能力。

(3) 品性维度的数据分析

① 专家观点内涵及观点之间的关系

有3位专家提出"3-1教师的职业责任"是高职院校数学教师的关键品性，他们指出："The most effective teachers possess the moral imperative that it is their job to assist students with the acquisition of content."（AZ1）教师需要具备"teacher accountability"（AS1）。有2位专家提出"3-2教师的职业态度"是高职院校数学教师的关键品性，其中有位专家指出，教师的"Attitude"很重要，它将会影响学生为人处世的态度，即"where will my students be 10 years from now as a result of having me as their teacher?"（AS1）这就包含了"3-14为人师表"的涵义。"3-11严谨治学和探索钻研的理性精神"可以理解为"3-4教师的职业作风"的具体表现。有3位专家提出"3-5教师的职业荣誉"是高职院校数学教师的关键品性，教师的职业荣誉，具体指的是热爱教育事业，乐于成为一名高职院校数学教师。对照初始框架，可以认为"3-1教师的职业责任"对应于"工作的责任心"，"3-4教师的职业作风"和"3-11严谨治学和探索钻研的理性精神"对应于"工作作风"，"3-5教师的职业荣誉""3-10爱岗敬业"的涵义包含在"工作的认同感"和"工作的奉献精神"中。它们都可以理解成"3-2教师的职业态度"或者"对待工作的态度"的具体组成部分。此外专家提出的"3-3教师的职业纪律"，本研究认为它是教师的基本条件，而且一般情况下教师都能遵守职业纪律，因此不作为关键品性的成分纳入框架中。

有4位专家提出"3-6理解高职院校数学教育的价值"是高职院校数学教师的关键品性，他们指出："(高职院校数学教师)不仅是通过数学教学让学生学会数学知识，培养运用数学解决实际专业问题的能力，更重要的是用数学文化感染学生，引导学生形成良好的科学精神和素质。"（CS2）"数学课程不是枯燥的公式或算法，最终是要为专业服务,因此数学教师要了解专业、研究专业、服务专业。"(CZ4)"(高职院校数学教师)具备全新的教育观念,了解职业教育的发展规律,熟悉职业教育发展的前沿动态。"由专家的观点可以看出,高职院校数学教师需要持有高职数学教育具有培养学生的科学与人文素养、数学与职业素养的功能的认识信念。这与本研究理论构建分析不谋而合。有2位专家提出"3-7 理解数学知识的价值"是高职院校数学教师的关键品性,"(高职院校数学教师)要建立符合时代脉搏的数学观"(CS7)。"A qualified math teacher should believe math is the most important subject. The basis for any science course is math and regardless of what major one chooses, we all need certain amount of math to succeed in our life."该观点的具体涵义与初始框架中"对数学知识价值的认识信念"和"数学知识真理性的认识信念"的内容要义相一致。有2位专家提出"3-9 数学教学公平性的认识信念"是高职院校数学教师的关键品性,他们指出:"A qualified math teacher needs to believe that students come first and that all students can learn."(AZ1)"A qualified math teacher should believe all students are capable of learning math. Everyone can learn math as long as they are willing to put up the time and pay their dues."(AZ2)即数学教学需面向全体学生,高职院校数学教师需持有相信所有学生都能学习数学的认识信念。NCATE 教师专业标准中,对教师所应具备的品性描述中,也明确有此表述:"Candidates demonstrate classroom behaviors that are consistent with the ideal of fairness and the belief that all students can learn."[1]对照初始框架,该观点与"对数学教学公平性的认识信念"相对应。

有7位专家提出"3-12 关爱学生"是高职院校数学教师的关键品性,他们指出:"高职院校的学生学习能力、习惯等都不是很好,教师需要有耐心,关爱每一位学生。"(CS3)"They need to have patience and plan for the needs of the variety of learners."(AZ1)有1位专家特别对教师需具备尊重学生的差异性的品性,即"3-13 尊重学生的差异性"进行了阐释:"(高职院校数学教师需要)敬畏每一位学生个体生命的独特性、绝对性,尊重学生的个体差异与个别差异,欣赏学生的独特表

---

[1] National Council for Accreditation of Teacher Education. Professional Standards for the Accreditation of Teacher Preparation Institutions[R]. NCATE,2008:20.

现。"对照初始框架,"关爱学生"和"尊重学生的差异性"都可以看作教师对待学生的态度,但是初始框架中对此涵义的阐释缺乏对"尊重学生差异性"的明确表述。有4位专家提出"3-15终身学习"是高职院校数学教师的关键品性,他们指出:"(高职院校数学教师需要)向同行学习、向学生学习、向自己的过往学习。"(CS6)这是初始框架中没有体现的。有4位专家指出"3-16开放的胸怀和乐观精神"是高职院校数学教师的关键品性,所谓开放的胸怀和乐观精神,可具体表现在对待同事的态度上,善于接受同事的反馈和专家的指导意见,与其他同事建立良好的关系,融入团队。因此本研究认为它与初始框架中"对待同事的态度"的内涵一致。

② 对初步框架的补充与完善

根据专家的观点,对初步框架可做如下的补充与完善。

第一,"对待学生的态度"的内容要义中增加尊重学生差异性的内容,因此将原先的表述进一步修改为:"对所有学生给予关心和支持,不放弃任何一名学生;不存在偏见,持有公正的态度。""公正"意味着敬畏、尊重、欣赏学生的差异性。

第二,增列"对终身学习的态度",与"对专业发展的态度"共同成为"对待专业化的态度"的组成部分。其中初始框架中"对待专业标准的态度",征求个别专家意见后,认为意义不明确,因此将其删除。

(4) 修改后的理论框架

通过上述对访谈专家意见的梳理,对初始框架进行修改和完善,形成"修正后的高职院校数学教师核心素养理论框架",具体内容见表5.3。

表5.3 修正后的高职院校数学教师核心素养理论框架

因素			内容与要义
知识	本体性知识	数学理论知识	数学对象及其相互之间关系的知识
		数学思想方法的知识	数学知识体系中的数学思想与方法
		数学史和数学文化的知识	数学史、数学中的人文和数学美等知识
		数学应用的知识	数学在生活及其他学科中应用的知识,特别是学生的专业学习、工作需要以及职业发展中应用数学解决问题的知识

续表

因素			内容与要义
知识	条件性知识	教育学知识	教育理论、教育管理和现代教育技术等教育知识
			数学课程理论和数学教学理论的知识
		学生学习的知识	学生学习数学的心理特点和思维发展的知识
			学生已有的数学基础、数学学习方式、对数学的看法以及对数学学习的态度、愿望等有关个体特征和个体差异的知识
		职业中数学素养的知识	数学素养在职业中的具体表现的知识
		其他学科知识	其他学科文化知识
能力	数学能力	一般数学能力	数学抽象、数学推理、直观想象、数学运算的能力
		数学应用能力	与职业教育相关的数学建模、数据分析能力
	数学教学能力	学科教学能力(PCA)	具备整合数学知识与教学知识进行教学的能力
		设置教学目标的能力	设置与专业相融合、发展学生数学素养的教学目标的能力
		整合教育资源的能力	整合各类优质教育资源,特别是教育技术资源的能力
		创设教学情境的能力	创设有利于学生数学素养发展的教学情境的能力
		引导学生数学表征的能力	引导学生使用不同的数学模型表征问题,并理解不同数学表征之间联系的能力
		提高学生数学建模水平的能力	提高学生数学建模水平的教学能力
		提高学生数学交流水平的能力	促进学生分享观点、阐释理解、构建合理的论证并用合适的语言表达进行数学交流以及从不同角度看问题的教学能力
		发展学生数学推理水平的能力	发展学生数学推理水平的教学能力
		促进学生灵活解决问题的能力	促进学生在概念理解的基础上准确、熟练、灵活地使用数学方法解决问题的教学能力
		引导学生形成积极数学情感的能力	引导学生形成把数学看作理性、有用和有价值的习惯性倾向,以及形成自我努力和自我效能的信念的能力
		实施教学评价的能力	评价学生数学思维品质和学习态度的教学能力
		信息化教学的能力	利用现代教育信息技术进行教学设计、教学实施和教学评价,促进学生有意义学习的能力
	教育管理能力	组织管理的能力	与学生进行有效沟通与交流,建立良好师生关系的能力
		心理健康教育能力	针对学生心理特点,引导学生形成积极的心理品质和乐观向上的品格的教育能力

续表

因素			内容与要义
能力	教育管理能力	数学人文教育能力	引导学生形成崇尚科学、追求真理的思想观念以及严谨求实的思维品格的能力
		思想品质教育能力	引导学生形成爱岗敬业、诚实守信、办事公道、服务群众、奉献社会的职业道德的能力
	专业发展能力	教学研究能力	进行教学研究,并将研究成果应用于教学实践的能力
		教学反思能力	对自身教学实践进行反思、分析以改进教学的能力
		专业合作能力	能与校内外同行、专业教师、教育专家等进行专业合作,增进知识、改进教学的能力
		科学研究能力	科学研究的意识和能力
品性	认识信念	对数学教学的认识信念	
		对数学教育价值的认识信念	相信职业教育和高职院校数学教育的人才培养价值与功能,认同高职院校学生数学素养的科学、人文、职业和数学学科的特征
		对数学教学公平性的认识信念	相信数学教学应该面向全体学生,尊重个体差异并能理解和欣赏学生的独特表现
		对教育技术的认识信念	相信现代教育技术是数学教学的有力工具,数学教育同时也需要培养学生使用信息技术解决问题的能力
		对课程资源的认识信念	相信教学内容是动态变化的,相对于教材等显性的教学资源,教师更应注重挖掘隐性的教学资源
		对教学本质的认识信念	认同有效的教学就是学生能积极主动地参与到对学习任务的解决和讨论中,由此发展学生的推理和问题解决能力
		对问题解决教学的认识信念	认同可以通过问题解决来学习数学,所有学生都需要具备解决问题的一系列数学方法和策略
		对教学方式的认识信念	相信数学教学不是仅限于讲授与练习,阅读自学、独立思考、动手实践、自主探索、合作交流等都是学习数学的重要方式
		对教学评价的认识信念	认同相较于知识技能的掌握程度,更关键的是评价学生的思维品质、学习态度和学习习惯。评价不仅能改进教学,而且能帮助学生监控学习过程,促进学习。评价学生的准确信息,需要通过多种评价手段并收集多种数据
		对数学知识的认识信念	
		对数学知识价值的认识信念	相信数学的科学价值、应用价值、文化价值和审美价值,欣赏数学的智慧之美
		对数学知识真理性的认识信念	能体会数学真理的严谨性和精确性
		对自我的认识信念	
		对自身使用教学技术的认识信念	相信自己能在数学教学中使用信息技术
		对自身数学学习的认识信念	相信自己能成功养成学习数学新知识以及用数学的思维方式思考和处理问题的习惯

续表

因素			内容与要义
品性	认识信念	对自我的认识信念	对自身数学教学的认识信念	相信自己能够提供给学生高质量的数学教学
品性	态度	对待工作的态度	工作的责任心	具有培养学生的数学科学素养和数学人文素养,服务学生的职业发展和全面发展的使命和担当
			工作的认同感	接纳、肯定自身的工作,乐于成为一名高职数学教师
			工作的奉献精神	热爱教育事业,愿意为其奉献自己的精力和时间
			工作作风	具有崇尚科学、追求真理的科学态度和严谨求实、探索钻研的理性精神
		对待他人的态度	对待学生的态度	给予所有学生以关心和支持,不放弃任何一名学生;不存在偏见,持有公正的态度
			对待同事的态度	善于接受同事的反馈和专家的指导意见,与其他同事建立良好的关系,融入团队
		对待专业化的态度	对专业发展的态度	确定专业发展的目标,寻求与校内外同行、专业教师和专家等进行专业学习与合作的机会
			对终身学习的态度	具备终身学习,不断更新知识、深化知识理解的态度

5.1.2 预试

5.1.2.1 预试问卷设计

（1）项目选编

项目选编主要依据表 5.3 中知识、能力和品性三个维度上各要素的内容及要义编制项目。在项目表述上注意做到语句简单明了、通俗易懂,措辞准确,没有模棱两可。特别地,在量表的项目内容上突出体现数学的学科特点,并注意贴合我国的教学实际。

（2）项目评估

项目初步拟定后,请中国数学教育专家和职业教育专家评价这些项目,最后综合评价意见依次对其进行增删或修改。评估的内容主要包括两个方面：一是参照各因素的含义,评价每一个项目是否准确反映了对应因素的内涵；二是根据量表或量表的语言要求,分析每一个项目的语言表述和可读性,其中特别注意分析是否存在歧义,表达是否符合高职院校教师的职业特征、专业水平等。通过项目选编和评估,最终确定了《高职院校数学教师核心素养问卷》的初测版,详见附录 B。

5.1.2.2 预试问卷项目分析

(1) 初测

采用自编《高职院校数学教师核心素养问卷》(初测版)。该量表共 53 个项目，每个项目均使用 Likert 5 点记分法，1 表示"完全不同意"，2 表示"少部分同意"，3 表示"一半同意"，4 表示"大部分同意"，5 表示"完全同意"。选取了华东地区 101 名高职院校数学教师参与初测。

(2) 项目编码

为了方便项目分析，首先对所有初测数据进行编码和录入。将《高职院校数学教师核心素养问卷》的 3 个理论维度依次用 K、S、D 表示，每一项目用该项目所在维度字母加上该项目在量表中的序列号数字表示，如量表中第 1 个项目用 K1 表示，第 28 个项目用 S28 表示，第 50 个项目用 D50 表示，依此类推。

(3) 项目鉴别度分析

项目鉴别度分析的主要考察指标是临界比(Critical ratio,简称 CR 值)。具体操作方法：按被试认识信念系统量表总分排序，取其前后各 27% 作为高分组和低分组，然后进行高分组和低分组在各项目上分数差异的独立样本 T 检验，如果项目的 CR 值达到显著性水平($p<0.05$)，表明此项目能较好地鉴别不同被试的反应程度。"当鉴别度指标值为正值，且其数值越大，代表题项的鉴别度越高。较佳试题的鉴别度，其临界比最好在 0.3 以上。"[1]本研究进行了项目鉴别度分析，得到各题项的决断值，如表 5.4 所示。

(4) 项目同质性检验

"除了以极端组作为项目分析的指标外，也可以采用同质性检验作为个别题项筛选的另一指标，如果个别题项与总分的相关越高，表示题项与整体量表的同质性越高，所要测量的心理特质或潜在行为更为接近。"若题项与量表总分的相关没有达到显著性水平，即相关系数<0.4，表明此题项与整体量表同质性不高，最好剔除。[2] 同时，"信度系数在项目分析中，也可作为同质性检验指标之一。""信度检验旨在检视题项删除后，整体量表的信度系数变化情形，如果题项删除后的量表整体

---

[1] 吴明隆.问卷统计分析实务——SPSS 操作与应用[M].重庆：重庆大学出版社,2016:158.
[2] 吴明隆.问卷统计分析实务——SPSS 操作与应用[M].重庆：重庆大学出版社,2016:181.

信度系数比原先的信度系数(内部一致性α系数)高出许多,则此题项与其余题项所要测量的属性或心理特质可能不同,代表此题项与其他题项的同质性不高,在项目分析中可考虑将此题项删除。"[1]因此,除了项目鉴别度分析外,本研究还对题项与量表总分进行相关分析以及信度检验,得到题项与总分的相关系数和项目删除时的克朗巴哈系数(Cronbach's Alpha)值,如表5.4所示。由表5.4的项目分析结果可得,没有要删除的题项。

表5.4 《高职院校数学教师核心素养量表》项目分析摘要表

题项	极端组比较 决断值	题项与总分相关 题项与总分相关	题项与总分相关 校正题项与总分相关	同质性检验 题项删除后的α值	未达标准指标数	备注
K1	4.735***	0.508**		0.983	0	保留
K2	5.073***	0.553**		0.983	0	保留
K3	5.677***	0.586**		0.983	0	保留
K4	5.340***	0.616**		0.983	0	保留
K5	6.676***	0.782**		0.982	0	保留
K6	4.932***	0.700**		0.982	0	保留
K7	6.245***	0.763**		0.982	0	保留
K8	5.257***	0.702**		0.982	0	保留
K9	7.096***	0.828**		0.982	0	保留
K10	6.281***	0.656**		0.983	0	保留
S11	5.940***	0.716**		0.982	0	保留
S12	6.183***	0.807**		0.982	0	保留
S13	6.776***	0.751**		0.982	0	保留
S14	8.730***	0.777**		0.982	0	保留
S15	7.603***	0.751**		0.982	0	保留
S16	6.094***	0.772**		0.982	0	保留
S17	8.212***	0.810**		0.982	0	保留
S18	10.609***	0.770**		0.982	0	保留
S19	9.348***	0.745**		0.982	0	保留
S20	8.388***	0.696**		0.982	0	保留

---

[1] 吴明隆.问卷统计分析实务——SPSS操作与应用[M].重庆:重庆大学出版社,2016:184.

续表

题项	极端组比较 决断值	题项与总分相关 题项与总分相关	校正题项与总分相关	同质性检验 题项删除后的α值	未达标准指标数	备注
S21	7.697***	0.685**		0.982	0	保留
S22	6.107***	0.748**		0.982	0	保留
S23	5.920***	0.719**		0.982	0	保留
S24	5.973***	0.651**		0.983	0	保留
S25	5.808***	0.761**		0.982	0	保留
S26	6.027***	0.752**		0.982	0	保留
S27	8.003***	0.805**		0.982	0	保留
S28	8.513***	0.759**		0.982	0	保留
S29	10.916***	0.774**		0.982	0	保留
S30	6.534***	0.831**		0.982	0	保留
S31	7.664***	0.811**		0.982	0	保留
S32	7.527***	0.706**		0.982	0	保留
D33	7.182***	0.763**		0.982	0	保留
D34	5.366***	0.732**		0.982	0	保留
D35	6.760***	0.791**		0.982	0	保留
D36	6.645***	0.698**		0.982	0	保留
D37	7.526***	0.781**		0.982	0	保留
D38	7.767***	0.726**		0.982	0	保留
D39	5.701***	0.802**		0.982	0	保留
D40	5.792***	0.800**		0.982	0	保留
D41	5.938***	0.783**		0.982	0	保留
D42	4.006***	0.735**		0.982	0	保留
D43	5.582***	0.713**		0.982	0	保留
D44	6.775***	0.742**		0.982	0	保留
D45	7.758***	0.754**		0.982	0	保留
D46	5.576***	0.625**		0.983	0	保留
D47	3.895***	0.658**		0.982	0	保留
D48	5.215***	0.694**		0.982	0	保留
D49	6.017***	0.691**		0.982	0	保留
D50	4.597***	0.641**		0.983	0	保留

续表

题项	极端组比较 决断值	题项与总分相关 题项与总分相关	校正题项与总分相关	同质性检验 题项删除后的 α 值	未达标准指标数	备注
D51	4.634***	0.783**		0.982	0	保留
D52	5.618***	0.804**		0.982	0	保留
D53	4.253***	0.771**		0.982	0	保留
判标准则	≥3.000	≥4.000		≤0.983		

5.2 探索性因素分析

经过上述的量表项目分析，对于《高职院校数学教师核心素养问卷》的初测版，没有要删除的题项，因此保留全部53个题项，作为《高职院校数学教师核心素养问卷》的复测版。从华东、西北、华中、西南、华南、东北和华北7个地区选取共计484名高职院校数学教师参与调查，选取被试样本时采用了分阶段整群抽样的办法，最终收回有效量表484份。

5.2.1 整体探索性因素分析

本研究使用SPSS 17.0软件，先针对量表的所有项目进行整体探索性因素分析，在以整体探索性因素分析所取得的因素构面基础上，进行分层面的探索性因素分析，即以分量表的个别题项进行因素分析，从而形成一份具有较好建构效度的量表。

5.2.1.1 第一次因素分析结果

采用主成分分析法和最大变异法对量表53个题项进行整体探索性因素分析，共萃取出4个因素，累积解释率为71.615%，KMO和Bartlett检验结果显示，KMO抽样适当性参数值为0.981（$p<0.001, df=1\,378$）。进行因素分析的普通准则KMO至少在0.6以上，且KMO值越接近于1，越适合进行因素分析。此处的KMO值为0.981，依据Kaiser的观点，KMO值在0.90以上，说明"极适合进行因素分析，因素分析适切性极佳"。[1]

---

[1] 吴明隆.问卷统计分析实务——SPSS操作与应用[M].重庆:重庆大学出版社,2016:208.

在采用选取特征值大于 1 的因素作为考虑与挑选因素数目标准时,如果题项数在 50 题以上,有可能抽取过多的共同因素,需要借助碎石图检验(Scree Test)和事先的理论假设等其他信息来帮助我们做决定。[①] 从碎石图(图 5.1)可以发现,从第四个因素以后呈现平坦的曲线,因而保留三到四个共同因素较为适宜,至于是保留三个因素或是四个因素,须进一步根据抽取的共同因素是否有其合理性而定。

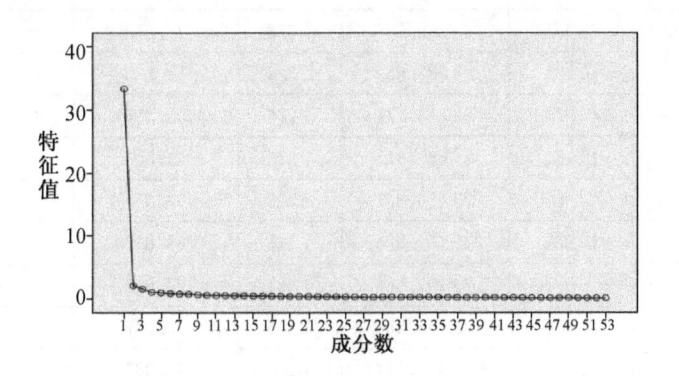

图 5.1 碎石图

通过转轴后的成分矩阵可以看出,成分 1 可视为理论构建中的"品性"维度,成分 2 为"能力"维度,成分 3 为"知识"维度,成分 4 难以解释。根据删除题项的原则,先删除无法解释成分中的因素负荷量最高的题项变量,再删除因素负荷量次高的题项变量,可以保留较多的题项变量。[②] 因此先删除题项 S26,进行第二次因素分析。

5.2.1.2 第二次因素分析结果

采用主成分分析法和最大变异法对删除 S26 后 52 个题项的量表进行整体探索性因素分析,共萃取出 3 个因素,累积解释率为 69.775%,KMO 和 Bartlett 检验结果显示,KMO 抽样适当性参数值为 0.981($p<0.001$, $df=1\,326$)。虽然萃取的因素个数与理论架构一致,但是仍有一些题项使得共同因素无法命名,所以还需继续进行探索性因素分析,逐项删除不合理的题项变量,以求出最佳的建构效度。

[①] 谢圣英.中学数学教师的认识信念系统和教学监控能力及相关研究[D].南京:南京师范大学,2013:55.

[②] 吴明隆.问卷统计分析实务——SPSS 操作与应用[M].重庆:重庆大学出版社,2016:284.

5.2.1.3 第三次至第十三次因素分析结果

通过逐项删除题项的方式,本研究继续进行了第三次至第十三次的探索性因素分析,具体检验分析结果如表5.5所示。

表5.5 高职院校数学教师核心素养量表整体探索性因素分析逐项删除统计

序号	删除项目	KMO值	χ^2	df	累积解释率(%)	特征值大于1因素数
0	未删除	0.981	29 259.504	1 378	71.615	4
1	S26	0.981	28 533.660	1 326	69.775	3
2	S28	0.981	27 814.174	1 275	69.886	3
3	S30	0.981	27 068.117	1 225	69.808	3
4	D36	0.981	26 456.387	1 176	69.873	3
5	S12	0.981	25 757.825	1 128	69.838	3
6	S27	0.981	25 107.685	1 081	69.940	3
7	D38	0.981	24 553.455	1 035	70.097	3
8	S11	0.980	23 937.511	990	70.087	3
9	S25	0.981	23 242.231	946	70.193	3
10	K4	0.980	22 777.822	903	70.414	3
11	D35	0.980	22 119.938	861	70.495	3
12	K10	0.980	21 626.355	820	70.752	3

上述高职院校数学教师核心素养量表第十三次因素分析共萃取了3个因素,3个因素均可合理命名,兹将整体探索性因素分析输出结果统整如表5.6所示。

表5.6 高职院校数学教师核心素养量表因素分析结果摘要表

题项变量及题目主要内容	转轴后的因素负荷量 品性	转轴后的因素负荷量 能力	转轴后的因素负荷量 知识	共同性
D51. 对待同事的态度	0.764	0.253	0.376	0.788
D45. 对自身数学教学的认识信念	0.762	0.367	0.244	0.775
D47. 工作的认同感	0.745	0.292	0.288	0.723
D48. 工作的奉献精神	0.740	0.269	0.315	0.719
D42. 对数学知识真理性的认识信念	0.727	0.289	0.256	0.678
D53. 对终身学习的态度	0.722	0.257	0.421	0.765
D46. 工作的责任心	0.715	0.408	0.208	0.721
D44. 对自身数学学习的认识信念	0.705	0.404	0.211	0.705

续表

题项变量及题目主要内容	转轴后的因素负荷量			共同性
	品性	能力	知识	
D49. 工作作风	0.705	0.321	0.345	0.719
D41. 数学知识价值的认识信念	0.703	0.365	0.333	0.739
D50. 对待学生的态度	0.692	0.251	0.332	0.652
D52. 对专业发展的态度	0.688	0.408	0.298	0.730
D40. 对教学评价的认识信念	0.673	0.386	0.359	0.731
D34. 对数学教学公平的认识信念	0.670	0.385	0.303	0.688
D39. 对教学方式的认识信念	0.654	0.433	0.326	0.722
D37. 教学本质的认识信念	0.642	0.521	0.168	0.712
D43. 对自身使用信息技术的认识信念	0.635	0.486	0.200	0.679
D33. 数学教育价值的认识信念	0.597	0.500	0.250	0.669
S20. 提高数学建模的能力	0.259	0.753	0.256	0.699
S15. 整合教育资源的能力	0.294	0.748	0.337	0.760
S29. 教学研究的能力	0.384	0.724	0.189	0.707
S13. 数学应用的能力	0.236	0.691	0.423	0.713
S19. 引导数学表征的能力	0.395	0.676	0.296	0.701
S32. 科学研究的能力	0.409	0.668	0.141	0.634
S22. 引导数学情感的能力	0.400	0.665	0.389	0.753
S14. 设置教学目标的能力	0.291	0.664	0.472	0.749
S16. 创设教学情境的能力	0.356	0.651	0.422	0.727
S17. 提高数学交流的能力	0.410	0.643	0.389	0.733
S24. 信息化教学能力	0.466	0.611	0.239	0.648
S18. 发展数学推理的能力	0.431	0.607	0.353	0.679
S23. 评价能力	0.469	0.597	0.329	0.685
S21. 促进解决问题的能力	0.488	0.580	0.351	0.698
S31. 专业合作的能力	0.501	0.559	0.276	0.640
K2. 数学思想方法	0.373	0.261	0.741	0.757
K1. 数学理论知识	0.222	0.234	0.735	0.644
K7. 学习心理知识	0.359	0.375	0.677	0.727
K3. 数学史和数学文化	0.398	0.336	0.649	0.692
K6. 数学教育知识	0.385	0.409	0.643	0.729
K9. 职业中数学素养知识	0.437	0.451	0.595	0.748

续表

题项变量及题目主要内容	转轴后的因素负荷量			共同性
	品性	能力	知识	
K8. 学生个体知识	0.334	0.464	0.542	0.621
K5. 教育知识	0.374	0.505	0.507	0.651
特征值	12.169	10.257	6.583	29.009
解释变异量(%)	29.681	25.016	16.055	70.752
累积解释变异量(%)	29.681	54.697	70.752	

5.2.2 分层面因素分析

经过整体探索性因素分析后,明确将量表分成了三个层面。在此基础上,本研究进行分层面的因素分析,根据层面的因素分析结果,再决定各层面所要保留的题项数,从而使量表的整体结构和各分量表的内部结构都更为合理。

5.2.2.1 第一个层面的因素分析

第一个层面为"知识"核心素养,包含 8 个题项,分别为 K1、K2、K3、K5、K6、K7、K8、K9。采用主成分分析法和最大变异法进行探索性因素分析,按照特征值大于 1 的标准,该层面萃取出 1 个因素,特征值为 5.529,累积解释率为 69.118%。KMO 和 Bartlett 检验结果显示,KMO 抽样适当性参数值为 0.925($p<0.001$,$\chi^2=2956.276$,$df=28$),可进行因素分析,碎石图见图 5.2。此时,8 个题项的共同度都大于 0.500,因素负荷率都在 0.700 以上,表示各题项变量均能反映其因素

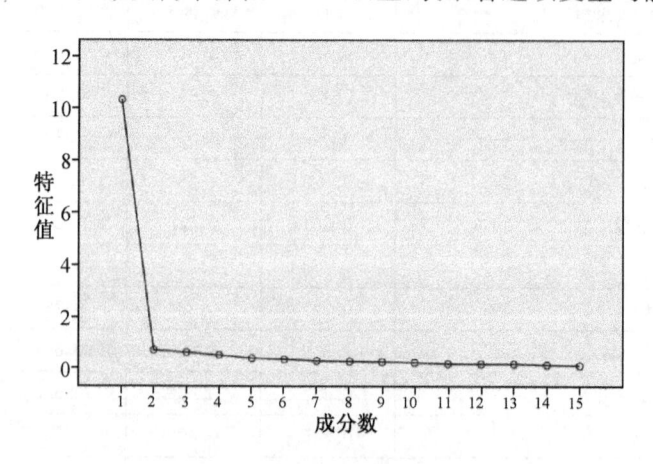

图 5.2 "知识"核心素养碎石图

构念,没有题项要删去,具体因素分析结果如表5.7所示。

表5.7 "知识"层面的因素分析结果摘要表

题项	成分1	共同度
K1	0.758	0.575
K2	0.836	0.698
K3	0.837	0.701
K5	0.820	0.673
K6	0.857	0.734
K7	0.869	0.755
K8	0.801	0.642
K9	0.866	0.751
特征值	5.529	
解释变异量(%)	69.118	

5.2.2.2 第二个层面的因素分析

第二个层面为"能力"核心素养,包含15个题项,分别为S13、S14、S15、S16、S17、S18、S19、S20、S21、S22、S23、S24、S29、S31、S32。采用主成分分析法和最大变异法进行探索性因素分析,按照特征值大于1的标准,该层面萃取出1个因素,特征值为10.335,累积解释率为68.903%。KMO和Bartlett检验结果显示,KMO抽样适当性参数值为0.962($p<0.001$, $\chi^2=7\,100.559$, $df=105$),可进行因素分析,碎石图见图5.3。此时,15个题项的共同度都大于0.500,因素负荷率都在

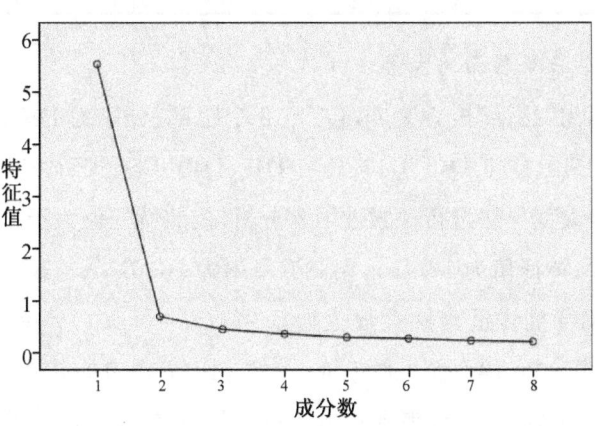

图5.3 "能力"核心素养碎石图

0.700以上,表示各题项变量均能反映其因素构念,没有题项要删去,具体因素分析结果如表5.8所示。

表5.8 "能力"层面的因素分析结果摘要表

题项	成分1	共同度
S13	0.821	0.673
S14	0.851	0.725
S15	0.859	0.738
S16	0.852	0.727
S17	0.862	0.743
S18	0.831	0.691
S19	0.841	0.707
S20	0.812	0.660
S21	0.837	0.700
S22	0.872	0.761
S23	0.832	0.693
S24	0.790	0.625
S29	0.821	0.674
S31	0.791	0.626
S32	0.770	0.593
特征值	10.335	
解释变异量(%)	68.903	

5.2.2.3 第三个层面的因素分析

第三个层面为"品性"核心素养,包含18个题项,分别为D33、D34、D37、D39、D40、D41、D42、D43、D44、D45、D46、D47、D48、D49、D50、D51、D52、D53。采用主成分分析法和最大变异法进行探索性因素分析,按照特征值大于1的标准,该层面萃取出1个因素,特征值为12.711,累积解释率为70.616%。KMO和Bartlett检验结果显示,KMO抽样适当性参数值为0.972($p<0.001$,$\chi^2=9303.927$,$df=153$),可进行因素分析,碎石图见图5.4。此时,18个题项的共同度都大于0.600,因素负荷率都在0.700以上,表示萃取出的共同因素可以有效反映15个指标变量,具体因素分析结果如表5.9所示。

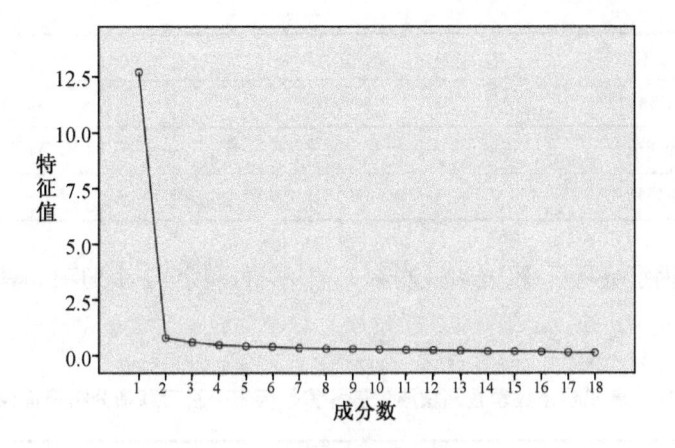

图 5.4 "品性"核心素养碎石图

表 5.9 "品性"层面的因素分析结果摘要表

题项	成分 1	共同度
D33	0.805	0.649
D34	0.834	0.695
D37	0.823	0.677
D39	0.852	0.725
D40	0.858	0.737
D41	0.862	0.742
D42	0.819	0.670
D43	0.814	0.663
D44	0.836	0.699
D45	0.878	0.771
D46	0.843	0.711
D47	0.843	0.711
D48	0.835	0.698
D49	0.841	0.707
D50	0.796	0.633
D51	0.872	0.761
D52	0.853	0.727

续表

题项	成分1	共同度
D53	0.857	0.734
特征值	12.711	
解释变异量(%)	70.616	

探索性因素分析后，量表累计删除12个项目，剩余41个题项。具体题项及分布情况见表5.10。

表5.10 高职院校数学教师核心素养探索性因素分析后题项分布情况(41项)

因素	题项编号	小计
知识	K1、K2、K3、K5、K6、K7、K8、K9	8
能力	S13、S14、S15、S16、S17、S18、S19、S20、S21、S22、S23、S24、S29、S31、S32	15
品性	D33、D34、D37、D39、D40、D41、D42、D43、D44、D45、D46、D47、D48、D49、D50、D51、D52、D53	18
总计		41

5.3 信度分析

探索性因素分析完成后，要继续进行量表各层面与总量表的信度检验。信度是指测验或量表工具所测得结果的稳定性和一致性，量表的信度越大，则其测量标准误越小。[1] 在Likert态度量表中，最常使用的检验信度的方法为Cronbach α 系数，α 系数越高，表示量表的内部一致性越佳，而因素分析完后，每个构念层面的内在信度 α 系数通常会比总量表的信度值低，因此本研究进一步求"高职院校数学教师核心素养量表"三个因素构念及总量表的内部一致性 α 系数，信度分析结果见表5.11。根据内部一致性的判断标准，总量表的信度系数最好在0.80以上，分量表的信度系数最好在0.70以上，"高职院校数学教师核心素养量表"各层面量表和整体量表的 α 系数都大于0.90，因此内部一致性都非常理想。

---

[1] 吴明隆.问卷统计分析实务——SPSS操作与应用[M].重庆:重庆大学出版社,2016:237.

表 5.11　高职院校数学教师核心素养量表信度分析结果(α)

因素	内部一致性系数
因素 1：知识	0.935
因素 2：能力	0.967
因素 3：品性	0.975
总量表	0.985

5.4　验证性因素分析

探索性因素分析的目的在于确认量表的因素结构,建立量表的建构效度,而验证性因素分析则是要检验此建构效度的适切性与真实性。因此本研究在对量表进行探索性因素分析,求得量表的因素结构基础上,进一步探究"高职院校数学教师核心素养量表"的因素结构模型是否与实际搜集的数据相契合,指标变量是否可以有效作为因素构念(潜在变量)的测量变量,实施量表的验证性因素分析。

5.4.1　初始模型的验证性因素分析

5.4.1.1　初始模型

本研究利用 AMOS17 软件,运用结构方程模型(Structural Equation Modeling,SEM)的方法对探索性因素分析后的"高职院校数学教师核心素养量表"进行验证性因素分析,综合理论构架和探索性因素分析结果,量表题项分布见表 5.12。高职院校数学教师核心素养分为 3 个因素:知识、能力、品性,分别命名为 F1、F2、F3。知识(F1)的观测变量有 2 个,设为本体性知识(V1)、条件性知识(V2);能力(F2)的观测变量有 3 个,设为数学能力(V3)、数学教学能力(V4)、专业发展能力(V5);品性(F3)的观测变量有 2 个,设为认识信念(V6)、态度(V7)。构建如图 5.5 的初始模型。

表 5.12　题项分布与计分表

因素	子因素	题项数	计分方式
知识	本体性知识	3	3 题总分,3～15
	条件性知识	5	5 题总分,5～25

续表

因素	子因素	题项数	计分方式
能力	数学能力	1	1题总分,1~5
	数学教学能力	11	11题总分,11~55
	专业发展能力	3	3题总分,3~15
品性	认识信念	10	10题总分,10~50
	态度	8	8题总分,8~40
总计		41	41~205

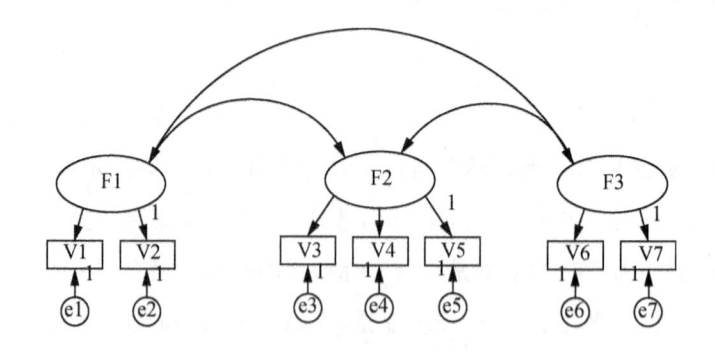

图 5.5 初始模型图

5.4.1.2 初始模型的验证性因素分析结果

在初始模型路径分析中,各标准化估计值如图 5.6 所示。模型适配度的检验方面,卡方值为 28.571,显著性概率值 $p=0.003<0.05$,达到显著性水平,表示初始模型与观察数据无法契合,因此模型有待进一步修正。参考报表中提供的修正指标值,释放某些假定,以使模型获得更好的适配度。

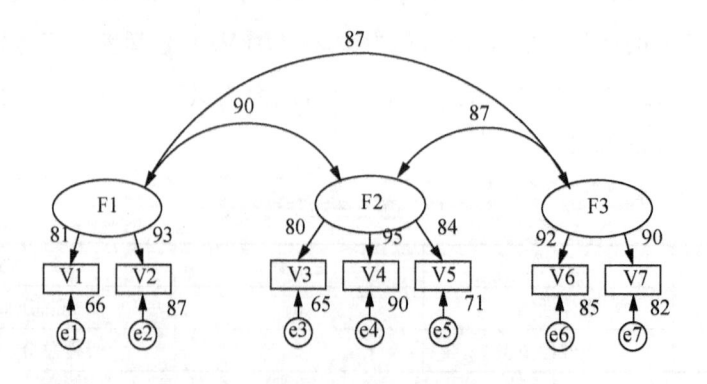

图 5.6 初始模型标准化估计值模型图

修正模型的原则为,在修正指标和期望参数改变值方面,希望两个变量间的关系为正,其期望参数改变值也为正;在模型修正方面,逐次释放假定。因此需要根据最大的修正指标值,通过逐次释放参数的方式进行模型修正。[①] 根据报表的修正指标值和修正模型的原则,本研究增列误差变量 e3 与误差变量 e1 间有共变关系。

5.4.2 修正模型 1 的验证性因素分析

5.4.2.1 修正模型 1

修正初始模型,增列误差变量 e3 与误差变量 e1 间有共变关系得到修正模型 1,如图 5.7 所示。

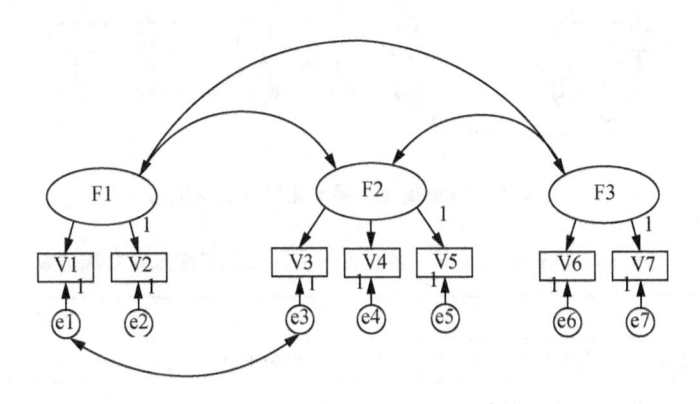

图 5.7 修正模型 1

5.4.2.2 修正模型 1 的验证性因素分析结果

修正模型 1 的卡方值为 17.509,显著性概率值 $p=0.064>0.05$,未达显著性水平,表示修正模型 1 与观察数据相契合。修正模型 1,各标准化估计值如图 5.8 所示。修正模型 1 一阶验证性因素检验结果见表 5.13 至表 5.15。由此得知,修正模型 1 一阶验证性因素分析的基本适配指标均达到检验标准,表示估计结果的基本适配指标良好,没有违反模型辨认规则。在整体模型适配度的检验方面,绝对适配度指标值和增值适配度指标值达模型可接受的标准,但是简约适配度指标值未达模型可接受的标准。在自由度等于 10 时,模型适配度的卡方值等于 17.509,显著性概率值 $p=0.064>0.05$,接受虚无假设,表示修正模型 1 与实际数据相契合。

---

① 吴明隆.结构方程模型——AMOS 的操作与应用[M].重庆:重庆大学出版社,2016:161-164.

在修正模型1内在质量的检验方面,整体而言,模型的内在质量尚称理想,但仍存在2个修正指标值大于5.000。虽然报表中增列了新的路径系数供修正模型参考,但是参考路径不符合结构方程模型的假定,即测量指标的误差项对潜在变量的影响路径。因此本研究从其他方向继续修正模型。

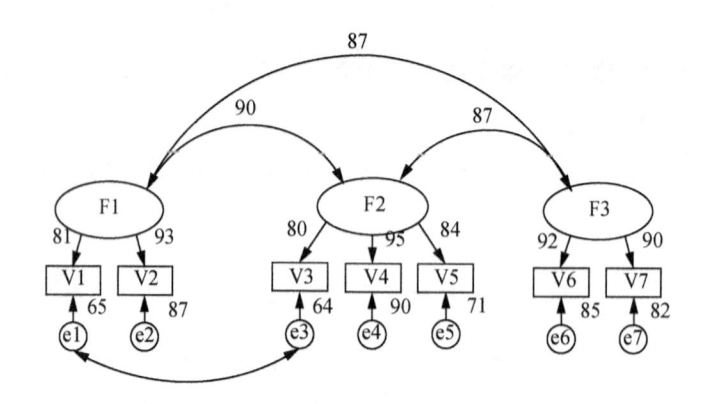

图 5.8　修正模型 1 标准化估计值模型图

表 5.13　修正模型 1 验证性因素分析的基本适配度检验摘要表

评价项目	检验结果数据	模型适配判断
是否没有负的误差变异量	均为正数	是
因素负荷量是否介于 0.5 至 0.95 之间	0.642~0.904	是
是否没有很大的标准误	0.010~0.026	是

表 5.14　修正模型 1 验证性因素分析的整体模型适配度检验摘要表

统计检验量	适配的标准或临界值	检验结果数据	模型适配判断
χ^2 值	$p>0.05$	17.509($p=0.064>0.05$)	是
RMR 值	<0.05	0.009	是
RMSEA 值	<0.08(<0.05 优良,<0.08 良好)	0.039	是
GFI 值	>0.90	0.989	是
AGFI 值	>0.90	0.970	是
NFI 值	>0.90	0.994	是
RFI 值	>0.90	0.988	是
IFI 值	>0.90	0.998	是
TLI 值	>0.90	0.995	是

续表

统计检验量	适配的标准或临界值	检验结果数据	模型适配判断
CFI 值	>0.90	0.998	是
PGFI 值	>0.50	0.353	否
PNFI 值	>0.50	0.473	否
PCFI 值	>0.50	0.475	否
CN 值	>200	506	是
χ^2 自由度比	<2.00	1.751	是
AIC 值	理论模型值小于独立模型值，且同时小于饱和模型值	53.509<56.000,53.509<3 059.558	是
CAIC 值	理论模型值小于独立模型值，且同时小于饱和模型值	146.787<201.098,146.787<3 095.833	是

表 5.15 修正模型 1 验证性因素分析的模型内在质量适配度检验摘要表

评价项目	检验结果数据	模型适配判断
所估计的参数均达到显著水平	T 值介于 3.244 至 30.185	是
个别项目的信度高于 0.50	0.650 至 0.904	是
潜在变量的平均抽取变异量大于 0.50	0.760 至 0.833	是
潜在变量的组合信度大于 0.60	0.863 至 0.913	是
标准化残差的绝对值小于 2.58	最大绝对值为 0.603	是
修正指标小于 5.000	2 个>5.000	否

5.4.3 修正模型 2 的验证性因素分析

5.4.3.1 修正模型 2

由修正模型 1 三个潜在变量之间的协方差估计值可以看出，协方差检验结果显著不等于 0，表示潜在变量间有显著的共变关系，并且三个潜在变量之间的相关系数都在 0.80 以上，说明这三个因素间可能有另一个更高阶的共同因素存在。因此构建二阶修正模型 2，如图 5.9 所示。一阶因素构念 F1、F2、F3 变为内因潜在变量，增列估计残差项。

5.4.3.2 修正模型 2 的验证性因素分析结果

在修正模型 2 中，误差变量 e1 与 e3 之间存在共变关系。修正模型 2 标准化估计值模型图如图 5.10 所示，三个初阶因素负荷量分别为 0.946，0.949，0.918，均大于 0.642，从因素负荷量的数据来看，测量变量在初阶因素的因素负荷量、初阶

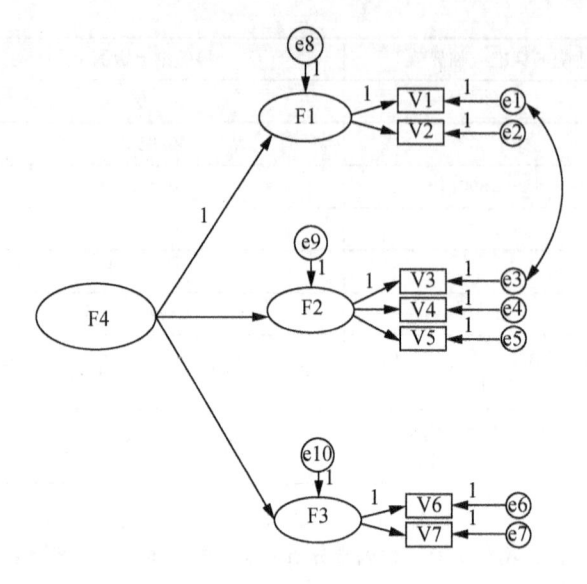

图 5.9　修正模型 2

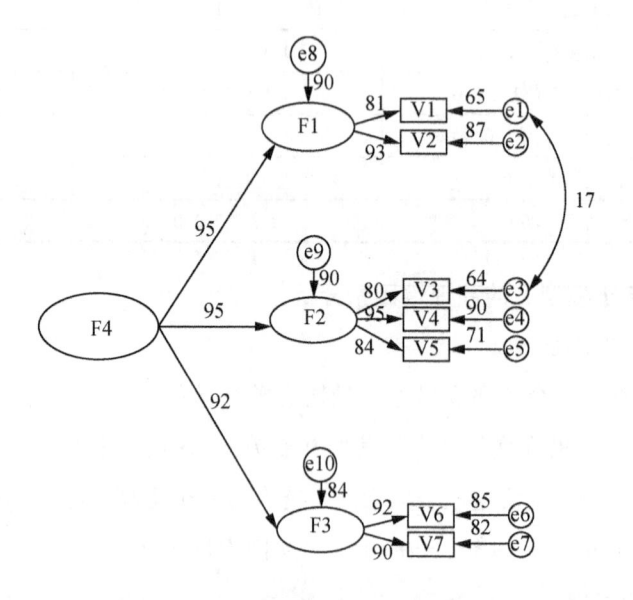

图 5.10　修正模型 2 标准化估计值模型图

因素在高阶因素构念的因素负荷量均非常理想。三个初阶因素构念的信度指标值分别为 0.843,0.895,0.901,显示高阶因素对于三个初阶因素的解释力均很高。修正模型 2 的二阶验证性因素检验结果见表 5.16 至表 5.18。由此得知,修正模型

2估计结果的基本适配度指标良好,没有违反模型辨认规则,该理论模型与实际数据可以契合,模型的内在质量理想,但是仍存在2个修正指标大于5.000,需进一步修正模型。

表 5.16　修正模型2验证性因素分析的基本适配度检验摘要表

评价项目	检验结果数据	模型适配判断
是否没有负的误差变异量	均为正数	是
因素负荷量是否介于0.5至0.95之间	0.801~0.959	是
是否没有很大的标准误	0.010~0.043	是

表 5.17　修正模型2验证性因素分析的整体模型适配度检验摘要表

统计检验量	适配的标准或临界值	检验结果数据	模型适配判断
χ^2 值	$p>0.05$	17.509($p=0.064>0.05$)	是
RMR 值	<0.05	0.009	是
RMSEA 值	<0.08(<0.05优良,<0.08良好)	0.039	是
GFI 值	>0.90	0.989	是
AGFI 值	>0.90	0.970	是
NFI 值	>0.90	0.994	是
RFI 值	>0.90	0.988	是
IFI 值	>0.90	0.998	是
TLI 值	>0.90	0.995	是
CFI 值	>0.90	0.998	是
PGFI 值	>0.50	0.353	否
PNFI 值	>0.50	0.473	否
PCFI 值	>0.50	0.475	否
CN 值	>200	506	是
χ^2 自由度比	<2.00	1.751	是
AIC 值	理论模型值小于独立模型值,且同时小于饱和模型值	53.509<56.000,53.509<3 059.558	是
CAIC 值	理论模型值小于独立模型值,且同时小于饱和模型值	146.787<201.098,146.787<3 095.833	是

表 5.18　修正模型 2 验证性因素分析的模型内在质量适配度检验摘要表

评价项目	检验结果数据	模型适配判断
所估计的参数均达到显著水平	T 值介于 3.805 至 30.185	是
个别项目的信度高于 0.50	0.642 至 0.904	是
潜在变量的平均抽取变异量大于 0.50	0.760 至 0.880	是
潜在变量的组合信度大于 0.60	0.863 至 0.956	是
标准化残差的绝对值小于 2.58	最大绝对值为 0.603	是
修正指标小于 5.000	2 个＞5.000	否

5.4.4　修正模型 3 的验证性因素分析

5.4.4.1　修正模型 3

根据修正模型 2 的协方差修正指标信息，若是将误差项 e5, e10 由固定参数改为自由参数，则至少可以降低卡方值 7.004，因此增列误差变量 e5 与误差变量 e10 间有共变关系，得到修正模型 3，如图 5.11 所示。

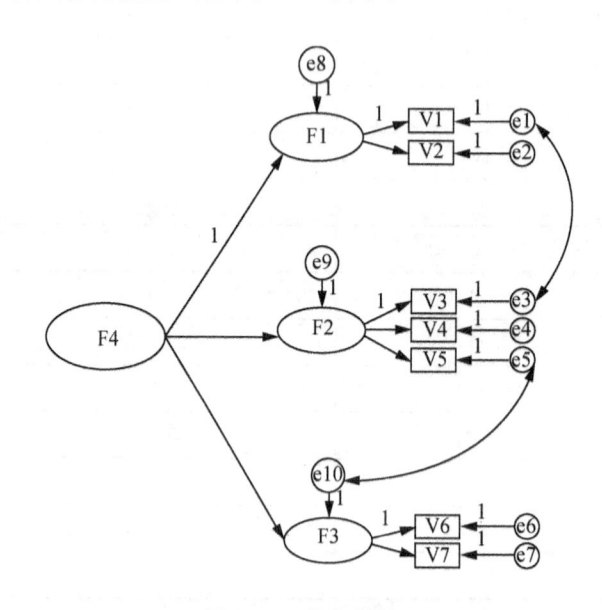

图 5.11　修正模型 3

5.4.4.2　修正模型 3 的验证性因素分析结果

修正模型 3 的卡方值为 9.460，显著性概率值 $p=0.396＞0.05$，未达显著性水平，表示假设模型与观察数据契合，修正模型 3 标准化估计值模型图如图 5.12 所

第 5 章　高职院校数学教师核心素养结构 | 137

示。在修正指标数值表中，没有需要修正的数据，表示模型不需要再修正。修正模型 3 二阶验证性因素检验结果见表 5.19 至表 5.21。

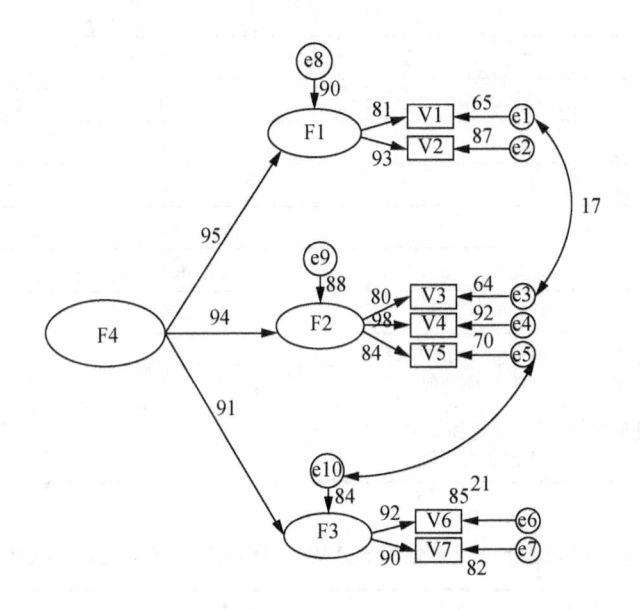

图 5.12　修正模型 3 标准化估计值模型图

表 5.19　修正模型 3 验证性因素分析的基本适配度检验摘要表

评价项目	检验结果数据	模型适配判断
是否没有负的误差变异量	均为正数	是
因素负荷量是否介于 0.5 至 0.95 之间	0.802~0.957	是
是否没有很大的标准误	0.010~0.043	是

表 5.20　修正模型 3 验证性因素分析的整体模型适配度检验摘要表

统计检验量	适配的标准或临界值	检验结果数据	模型适配判断
χ^2 值	$p>0.05$	$9.460(p=0.396>0.05)$	是
RMR 值	<0.05	0.006	是
RMSEA 值	<0.08（<0.05 优良，<0.08 良好）	0.010	是
GFI 值	>0.90	0.994	是
AGFI 值	>0.90	0.983	是
NFI 值	>0.90	0.997	是
RFI 值	>0.90	0.993	是

续表

统计检验量	适配的标准或临界值	检验结果数据	模型适配判断
IFI 值	>0.90	1.000	是
TLI 值	>0.90	1.000	是
CFI 值	>0.90	1.000	是
PGFI 值	>0.50	0.320	否
PNFI 值	>0.50	0.427	否
PCFI 值	>0.50	0.429	否
CN 值	>200	864	是
χ^2 自由度比	<2.00	1.051	是
AIC 值	理论模型值小于独立模型值，且同时小于饱和模型值	47.460<56.000,47.460<3 059.558	是
CAIC 值	理论模型值小于独立模型值，且同时小于饱和模型值	145.920<201.098,145.920<3 095.833	是

表 5.21 修正模型 3 验证性因素分析的模型内在质量适配度检验摘要表

评价项目	检验结果数据	模型适配判断
所估计的参数均达到显著水平（C.R. 绝对值大于 1.96）	T 值介于 2.720 至 30.277	是
个别项目的信度高于 0.50	0.642 至 0.915	是
潜在变量的平均抽取变异量大于 0.50	0.752 至 0.874	是
潜在变量的组合信度大于 0.60	0.863 至 0.954	是
标准化残差的绝对值小于 2.58	最大绝对值为 0.451	是
修正指标小于 5.000	无修正指标	是

综上所述，本研究从初始模型，经过三次修正，得到与实际搜集数据契合的较优模型——修正模型 3，从而检验了"高职院校数学教师核心素养量表"建构效度的适切性和真实性。四个模型的拟合度检验数值对比见表 5.22，修正后量表的题项分布与计分如表 5.23，修正后高职院校数学教师核心素养量表项目选编一览表详见附录 C。

表 5.22 高职院校数学教师核心素养四个结构模型的拟合度检验

模型	χ^2	df	χ^2/df	RMSEA	NFI	NNFI	CFI	GFI
初始模型	28.571	11	2.597	0.058	0.991	0.989	0.994	0.984

续表

模型	χ^2	df	χ^2/df	RMSEA	NFI	NNFI	CFI	GFI
修正模型 1	17.509	10	1.751	0.039	0.994	0.995	0.998	0.989
修正模型 2	17.509	10	1.751	0.039	0.994	0.995	0.998	0.989
修正模型 3	9.460	9	1.051	0.010	0.997	1.000	1.000	0.994

表 5.23 修正后量表的题项分布与计分表

高阶因素	初阶因素	子因素	题项数	计分方式
高职院校数学教师核心素养	知识	本体性知识	3	3 题总分,3~15
		条件性知识	5	5 题总分,5~25
	能力	数学能力	1	1 题总分,1~5
		数学教学能力	11	11 题总分,11~55
		专业发展能力	3	3 题总分,3~15
	品性	认识信念	10	10 题总分,10~50
		态度	8	8 题总分,8~40
	总计		41	41~205

5.5 小结

5.5.1 高职院校数学教师核心素养量表的编制与修订

高职院校数学教师核心素养量表经项目分析和因素分析后,最终得到一个高阶因素构念"高职院校数学教师核心素养",三个初阶因素构念,分别为"知识""能力"和"品性"。量表总共包含 41 个项目,其中"知识"构念 8 个项目,"能力"构念 15 个项目,"品性"构念 18 个项目。

经量表整体性探索分析,萃取出三个因素,因素个数与理论架构一致,并且三个因素均可合理命名,累积解释率为 70.752%(>60%),表示萃取的因素相当理想,达到了建构量表建构效度的目的。量表各层面的内部一致性 α 系数分别为 0.935、0.967、0.975,总量表内部一致性 α 系数为 0.985,量表的信度甚佳,显示量表的内部一致性很高。采用结构方程模型技术进行量表的验证性因素分析,通过对初始模型的三次修正,最终得到与实际搜集数据相契合的二阶理论模型(修正模型 3),进一步验证了量表建构效度的适切性和真实性。由此可以说明,修正后的高职院校数学教师核心素养量表具有建构效度。

5.5.2　高职院校数学教师核心素养的结构

根据前期的理论研究和专家访谈,建构出高职院校数学教师核心素养的三成分结构,并根据这个结构编制初测高职院校数学教师核心素养量表,经过初测、量表项目分析,确定复测量表。然后以华东、西北、华中、西南、华南、东北和华北 7 个地区 484 名高职院校数学教师为被试,进行复测。运用结构方程模型的方法,使用 SPSS 17.0、AMOS17 软件对数据进行探索性因素分析和验证性因素分析,最终得到较优模型:修正模型 3,模型图如图 5.11。该二阶模型的 χ^2/df 更小,为 1.051,RMSEA 更低,为 0.010;NFI 更高,为 0.997;NNFI 更高,为 1.000;CFI 更高,为 1.000;GFI 更高,为 0.994。本研究经探索性因素分析,建立了量表的建构效度,又经验证性因素分析,检验了此建构效度的适切性和真实性,因此修正后的高职院校数学教师核心素养量表具有建构效度。高职院校数学教师核心素养结构模型是一个二阶模型,该模型的二阶因素为高职院校数学教师核心素养,三个一阶因素为知识、能力和品性,其中知识因素可以分为本体性知识和条件性知识两个观测变量,能力因素分为数学能力、数学教学能力和专业发展能力三个观测变量,品性因素则分为认识信念和态度两个观测变量。

5.5.3　修正前后量表之间的比较

修正后的高职院校数学教师核心素养量表较初测删除了 12 题,删除题项及其主要内容见表 5.24。分析题项被删除的原因,可以得到高职院校数学教师对于核心素养认识的一些信息与启示。

(1) 被试理解题项涵义之间的重复导致删除部分题项,如数学应用的知识、其他学科文化知识、数学应用能力的内涵之间含有较高的重复度。

(2) 被试对于题项涵义的不熟悉导致删除部分题项,如 PCA、隐性的课程资源、问题解决的教学。

(3) 被试实际认识与理论假设之间的差距导致删除部分题项,如被试不认为教育管理能力是核心素养的组成部分。

由此得到启示:本研究关于核心素养的理论建构旨在覆盖全面,又能突出高职院校数学教育的特点,在此基础上通过调查以反映出高职院校数学教师的认识与看法。从实际数据的分析来看，理论研究得出的结论与高职院校数学教师的实际看法之间存在差距；而且可以进一步推测，不同教育阶段的数学教师对核心素养的内容会有不同的认识，可能由于实际教育任务的差别，如小学教师会更加认同教育管理能力是核心素养，或者由于接受教育培训的差异，如中小学教师比高职院校教师更多地接受教育知识的培训，会对PCA、隐性课程资源等产生更多的认同。因此，提高数学教师的核心素养，只有建立在他们的实际认识基础上才是有意义的。为进一步探明高职院校数学教师对于核心素养的观点，本研究下一步做高职院校数学教师关于核心素养认识的个体差异研究。

表 5.24 删除 12 题的题项及其主要内容

题项	主要内容
K4	数学应用的知识
K10	其他学科知识
S11	运用 PCK 教学的能力（PCA）
S12	一般数学能力
S25	组织管理能力
S26	心理健康教育能力
S27	数学人文教育能力
S28	思想品质教育能力
S30	教学反思能力
D35	对教育技术的认识信念
D36	对课程资源的认识信念
D38	对问题解决教学的认识信念

第6章 高职院校不同群体数学教师的差异分析

6.1 研究目的

在构建高职院校数学教师核心素养二阶模型的基础上，运用修正后的高职院校数学教师核心素养量表对全国高职院校数学教师进行测量，分析高职院校数学教师对核心素养的总体认识以及不同地区、性别、教龄、职称、学历、年龄及所在学校类别的高职院校数学教师对于核心素养的认识是否存在差异以及存在怎样的差异。

6.2 研究过程

采用复测的样本数据，华东、西北、华中、西南、华南、东北和华北 7 个地区共计 484 名高职院校数学教师参与调查，最终收回有效量表 484 份，量表回收有效率为 100%。

6.2.1 高职院校数学教师对核心素养认识的总体状况

484 名高职院校数学教师核心素养量表总分、分量表得分以及各观测指标得分的描述性统计结果见表 6.1 和表 6.2。样本高职院校数学教师核心素养总均分为 183.07±28.402，其中最低分为 41，最高分为 205。知识分量表单题平均分为 4.485，能力分量表单题平均分为 4.338，品性分量表单题平均分为 4.562，3 个分量表单题平均分都高于 4（采用 Likert 五点量表），又以品性分量表单题平均分达最高。就子因素而言，"数学应用能力"单题平均分最低，为 4.29，"态度"单题平均分最高，其中又以"对专业化的态度"单题平均分最高，为 4.64。

表 6.1 高职院校数学教师核心素养认识描述性统计量（$N=484$）

因素	样本量	层面平均分	层面标准差	题项数	单题平均分
知识分量表	484	35.88	5.929	8	4.485
能力分量表	484	65.07	11.660	15	4.338
品性分量表	484	82.12	12.279	18	4.562
核心素养总量表	484	183.07	28.402	41	4.465

表 6.2　子因素单题平均分顺序排列表(由高到低)

子因素	单题平均分
对专业化的态度	4.64
对数学知识的认识信念	4.61
对他人的态度	4.605
对工作的态度	4.568
本体性知识	4.563
对数学教学的认识信念	4.526
对自我的认识信念	4.50
条件性知识	4.438
数学教学能力	4.347
专业发展能力	4.32
数学应用能力	4.29

将样本的总量表得分与总量表 41 题分值的中位数 123 分进行比较,采用单样本 t 检验的方法,结果显示如表 6.3,样本总量表得分统计显著性高于检验值 123 ($p<0.01$)。

表 6.3　单样本 t 检验的分析结果

	检验值=123					
	t	df	Sig.(双侧)	均值差值	差分的 95% 置信区间	
					下限	上限
核心素养	46.527	483	0.000	60.066	57.53	62.60

6.2.2　高职院校数学教师对核心素养认识的差异分析

6.2.2.1　性别

采用独立样本 t 检验分析高职院校数学教师核心素养认识是否存在性别差异,结果显示如表 6.4。高职院校女数学教师在知识、能力、品性分量表以及总量表的得分统计显著性高于男数学教师($p<0.001$)。在此基础上,进一步求出效果值,其中性别变量可以解释知识变量总方差中的 3.7% 的变异量,能力变量总方差中的 4.0% 的变异量,品性变量总方差中的 4.0% 的变异量,核心素养变量总方差中的 4.4% 的变异量,可见性别分组变量与初阶因素和高阶因素之间为一种低度关联强度($\eta^2 \leqslant 0.06$)。进一步地,将子因素作为检验变量,性别作为分组变量的差异比较结果

如表 6.5 所示,高职院校女数学教师在本体性知识、条件性知识、数学应用能力、数学教学能力、专业发展能力、认识信念和态度方面的得分统计显著性高于男数学教师($p<0.001$),但是效果值 η^2 都低于 0.06,因此性别分组变量与子因素之间为一种低度关联强度。

表 6.4　高职院校数学教师核心素养认识的性别差异比较

检验变量	性别	人数	平均数	标准差	t 值	η^2
知识	男	195	34.50	7.261	−3.936***	0.037
	女	289	36.81	4.613		
能力	男	195	62.24	13.396	−4.228***	0.040
	女	289	66.99	9.900		
品性	男	195	79.12	15.472	−4.079***	0.040
	女	289	84.13	9.025		
总量表	男	195	175.86	34.710	−4.307***	0.044
	女	289	187.93	21.965		

表 6.5　高职院校数学教师核心素养认识的性别差异比较(子因素)

检验变量	性别	人数	平均数	标准差	t 值	η^2
本体性知识	男	195	13.17	2.953	−3.650***	0.032
	女	289	14.03	1.824		
条件性知识	男	195	21.33	4.620	−3.808***	0.034
	女	289	22.77	3.146		
数学应用能力	男	195	4.07	1.117	−3.917***	0.034
	女	289	4.44	0.876		
数学教学能力	男	195	45.76	9.986	−4.132***	0.038
	女	289	49.21	7.305		
专业发展能力	男	195	12.41	2.882	−3.793***	0.032
	女	289	13.34	2.213		
认识信念	男	195	43.63	8.754	−4.124***	0.041
	女	289	46.52	5.322		
态度	男	195	35.50	7.027	−3.809***	0.035
	女	289	37.62	4.060		

注:*** $p<0.001$。

6.2.2.2 教龄

不同教龄段的高职院校数学教师在核心素养三个初阶因素分量表和总量表得分的描述性统计结果见表 6.6,子因素得分的描述性统计结果见表 6.7。各因素的均值关于教龄的变化情况,显示知识、能力、品性和核心素养依变量上随着教龄的增长都呈现先升后降再上升的变化趋势,如图 6.1 所示。本体性知识、条件性知识、数学教学能力、认识信念和态度依变量上也呈现这一变化趋势,但是数学应用能力和专业发展能力呈现的是先升后降的变化趋势,如图 6.2 所示。

表 6.6 不同教龄高职院校数学教师核心素养认识的描述性统计量

检验变量	教龄	人数	平均数	标准差
知识	1~5 年(A)	54	35.35	7.045
	6~10 年(B)	73	36.74	4.416
	11~20 年(C)	166	35.63	6.305
	21 年及以上(D)	191	35.91	5.761
能力	1~5 年(A)	54	64.37	13.769
	6~10 年(B)	73	67.41	9.742
	11~20 年(C)	166	64.48	12.371
	21 年及以上(D)	191	64.90	11.012
品性	1~5 年(A)	54	82.28	13.016
	6~10 年(B)	73	84.52	10.018
	11~20 年(C)	166	80.81	13.358
	21 年及以上(D)	191	82.28	11.802
总量表	1~5 年(A)	54	182.00	32.712
	6~10 年(B)	73	188.67	22.226
	11~20 年(C)	166	180.93	30.867
	21 年及以上(D)	191	183.08	26.855

表 6.7 不同教龄高职院校数学教师核心素养认识的描述性统计量(子因素)

检验变量	教龄	人数	平均数	标准差
本体性知识	1~5 年(A)	54	13.59	2.845
	6~10 年(B)	73	13.92	2.080
	11~20 年(C)	166	13.64	2.479
	21 年及以上(D)	191	13.66	2.267

第6章 高职院校不同群体数学教师的差异分析 | 149

续表

检验变量	教龄	人数	平均数	标准差
条件性知识	1~5年(A)	54	21.76	4.408
	6~10年(B)	73	22.82	2.840
	11~20年(C)	166	21.99	4.111
	21年及以上(D)	191	22.24	3.831
数学应用能力	1~5年(A)	54	4.35	0.974
	6~10年(B)	73	4.52	0.747
	11~20年(C)	166	4.27	1.053
	21年及以上(D)	191	4.20	1.027
数学教学能力	1~5年(A)	54	46.96	10.299
	6~10年(B)	73	49.36	7.191
	11~20年(C)	166	47.31	9.241
	21年及以上(D)	191	47.92	8.081
专业发展能力	1~5年(A)	54	13.06	2.688
	6~10年(B)	73	13.53	2.237
	11~20年(C)	166	12.90	2.590
	21年及以上(D)	191	12.77	2.554
认识信念	1~5年(A)	54	45.37	7.574
	6~10年(B)	73	46.96	5.643
	11~20年(C)	166	44.72	7.557
	21年及以上(D)	191	45.28	6.876
态度	1~5年(A)	54	36.91	5.574
	6~10年(B)	73	37.56	4.655
	11~20年(C)	166	36.10	6.107
	21年及以上(D)	191	37.00	5.310

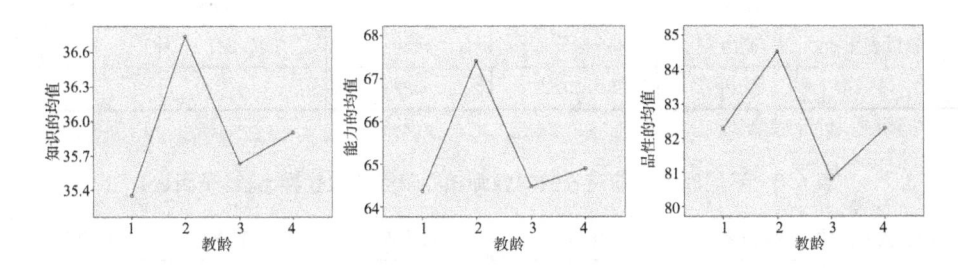

图6.1 不同教龄一阶因素得分均值图

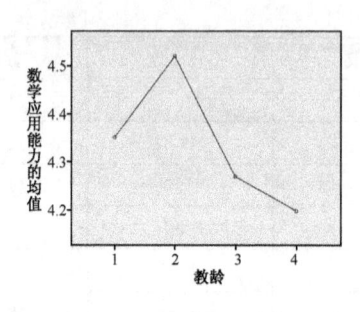

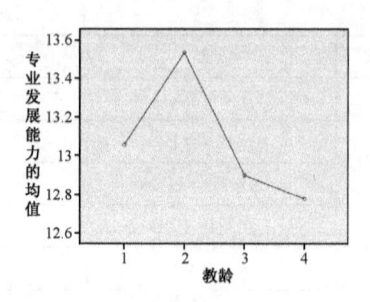

图 6.2 不同教龄在"数学应用能力"和"专业发展能力"得分均值图

采用单因素方差分析方法检验高职院校数学教师核心素养总量表及其分量表上的得分是否存在教龄差异,结果如表 6.8 所示,发现不同教龄的高职院校数学教师核心素养总量表及分量表层面得分不存在统计显著性差异。进一步地,研究检验不同教龄的高职院校数学教师在核心素养量表子因素上是否存在认识差异,结果如表 6.9 所示,发现调查对象在子因素上也均不存在教龄差异。

表 6.8 不同教龄高职院校数学教师核心素养认识差异比较

检验变量	变异来源	平方和	自由度	平均平方和	F 检验
知识	组间	79.304	3	26.435	0.751
	组内	16 899.258	480	35.207	
	总和	16 978.562	483		
能力	组间	489.707	3	163.236	1.202
	组内	65 173.615	480	135.778	
	总和	65 663.322	483		
品性	组间	710.524	3	236.841	1.577
	组内	72 110.996	480	150.231	
	总和	72 821.521	483		
总量表	组间	3 113.982	3	1 037.994	1.289
	组内	386 513.902	480	805.237	
	总和	389 627.884	483		

表 6.9 不同教龄高职院校数学教师核心素养认识差异比较(子因素)

检验变量	变异来源	平方和	自由度	平均平方和	F 检验
本体性知识	组间	4.852	3	1.617	0.284

续表

检验变量	变异来源	平方和	自由度	平均平方和	F检验
本体性知识	组内	2 731.412	480	5.690	
	总和	2 736.264	483		
条件性知识	组间	46.042	3	15.347	1.025
	组内	7 188.471	480	14.976	
	总和	7 234.512	483		
数学应用能力	组间	5.729	3	1.910	1.935
	组内	473.775	480	0.987	
	总和	479.504	483		
数学教学能力	组间	256.521	3	85.507	1.145
	组内	35 842.198	480	74.671	
	总和	36 098.719	483		
专业发展能力	组间	31.754	3	10.585	1.644
	组内	3 089.576	480	6.437	
	总和	3 121.331	483		
认识信念	组间	256.394	3	85.465	1.728
	组内	23 739.895	480	49.458	
	总和	23 996.289	483		
态度	组间	132.181	3	44.060	1.437
	组内	14 718.967	480	30.665	
	总和	14 851.149	483		

6.2.2.3 职称

不同职称的高职院校数学教师在核心素养分量表和总量表得分的描述性统计结果见表 6.10，子因素得分的描述性统计结果见表 6.11。

表 6.10 不同职称高职院校数学教师核心素养认识的描述性统计量

检验变量	职称	人数	平均数	标准差
知识	助教(A)	50	34.90	7.960
	讲师(B)	211	36.22	5.139
	副教授(C)	193	35.97	5.653
	教授(D)	30	34.50	8.431
能力	助教(A)	50	64.66	14.925

续表

检验变量	职称	人数	平均数	标准差
能力	讲师(B)	211	65.68	10.732
	副教授(C)	193	64.63	11.029
	教授(D)	30	64.33	15.608
品性	助教(A)	50	82.40	13.753
	讲师(B)	211	82.59	11.145
	副教授(C)	193	81.61	12.264
	教授(D)	30	81.57	17.099
总量表	助教(A)	50	181.96	35.506
	讲师(B)	211	184.49	25.462
	副教授(C)	193	182.21	27.575
	教授(D)	30	180.40	39.342

表 6.11 不同职称高职院校数学教师核心素养认识的描述性统计量(子因素)

检验变量	职称	人数	平均数	标准差
本体性知识	助教(A)	50	13.06	3.628
	讲师(B)	211	13.85	1.929
	副教授(C)	193	13.76	2.256
	教授(D)	30	13.13	3.203
条件性知识	助教(A)	50	21.84	4.709
	讲师(B)	211	22.37	3.507
	副教授(C)	193	22.21	3.735
	教授(D)	30	21.37	5.423
数学应用能力	助教(A)	50	4.28	1.161
	讲师(B)	211	4.38	0.894
	副教授(C)	193	4.25	0.959
	教授(D)	30	3.90	1.470
数学教学能力	助教(A)	50	47.24	11.394
	讲师(B)	211	48.24	7.870
	副教授(C)	193	47.64	8.176
	教授(D)	30	47.07	11.474
专业发展能力	助教(A)	50	13.14	2.763
	讲师(B)	211	13.07	2.464

续表

检验变量	职称	人数	平均数	标准差
专业发展能力	副教授(C)	193	12.74	2.463
	教授(D)	30	13.37	3.157
认识信念	助教(A)	50	45.36	8.038
	讲师(B)	211	45.67	6.403
	副教授(C)	193	45.01	7.097
	教授(D)	30	45.33	9.293
态度	助教(A)	50	37.04	5.866
	讲师(B)	211	36.92	5.071
	副教授(C)	193	36.61	5.539
	教授(D)	30	36.23	7.994

采用单因素方差分析比较不同职称的高职院校数学教师在核心素养总量表及分量表得分是否存在差异,结果见表6.12,发现不同职称的高职院校数学教师核心素养总量表及分量表层面得分不存在统计显著性差异。进一步地,研究检验不同职称的高职院校数学教师在核心素养量表子因素上是否存在认识差异,结果如表6.13所示,发现调查对象在子因素上也均不存在职称差异。

表6.12 不同职称高职院校数学教师核心素养认识差异比较

检验变量	变异来源	平方和	自由度	平均平方和	F检验
知识	组间	130.777	3	43.592	1.242
	组内	16 847.785	480	35.100	
	总和	16 978.562	483		
能力	组间	140.830	3	46.943	0.344
	组内	65 522.493	480	136.505	
	总和	65 663.322	483		
品性	组间	109.171	3	36.390	0.240
	组内	72 712.350	480	151.484	
	总和	72 821.521	483		
总量表	组间	841.754	3	280.585	0.346
	组内	388 786.131	480	809.971	
	总和	389 627.884	483		

表 6.13 不同职称高职院校数学教师核心素养认识差异比较(子因素)

检验变量	变异来源	平方和	自由度	平均平方和	F 检验
本体性知识	组间	35.276	3	11.759	2.090
	组内	2 700.988	480	5.627	
	总和	2 736.264	483		
条件性知识	组间	33.370	3	11.123	0.741
	组内	7 201.143	480	15.002	
	总和	7 234.512	483		
数学应用能力	组间	6.496	3	2.165	2.197
	组内	473.008	480	0.985	
	总和	479.504	483		
数学教学能力	组间	76.969	3	25.656	0.342
	组内	36 021.750	480	75.045	
	总和	36 098.719	483		
专业发展能力	组间	18.226	3	6.075	0.940
	组内	3 103.104	480	6.465	
	总和	3 121.331	483		
认识信念	组间	44.331	3	14.777	0.296
	组内	23 951.959	480	49.900	
	总和	23 996.289	483		
态度	组间	22.159	3	7.386	0.239
	组内	14 828.990	480	30.894	
	总和	14 851.149	483		

6.2.2.4 学历

不同学历的高职院校数学教师在核心素养分量表和总量表得分的描述性统计结果见表 6.14,子因素得分的描述性统计结果见表 6.15。各因素的均值关于学历的变化情况,显示知识、能力、品性和核心素养因变量上随着学历的提升都呈现上升的变化趋势;本体性知识、条件性知识、数学应用能力、数学教学能力、专业发展能力、认识信念和态度因变量上也呈现上升的变化趋势。

第6章 高职院校不同群体数学教师的差异分析

表 6.14 不同学历高职院校数学教师核心素养认识的描述性统计量

检验变量	学历	人数	平均数	标准差
知识	本科(A)	282	35.52	6.272
	硕士(B)	200	36.37	5.406
	博士(C)	2	36.50	4.950
能力	本科(A)	282	64.25	12.167
	硕士(B)	200	66.20	10.871
	博士(C)	2	69.00	8.485
品性	本科(A)	282	81.57	12.706
	硕士(B)	200	82.87	11.685
	博士(C)	2	83.50	9.192
总量表	本科(A)	282	181.35	29.586
	硕士(B)	200	185.43	26.631
	博士(C)	2	189.00	22.627

表 6.15 不同学历高职院校数学教师核心素养认识的描述性统计量(子因素)

检验变量	学历	人数	平均数	标准差
本体性知识	本科(A)	282	13.51	2.497
	硕士(B)	200	13.93	2.198
	博士(C)	2	14.00	1.414
条件性知识	本科(A)	282	22.01	4.109
	硕士(B)	200	22.44	3.514
	博士(C)	2	22.50	3.536
数学应用能力	本科(A)	282	4.20	1.095
	硕士(B)	200	4.41	0.828
	博士(C)	2	5.00	0.000
数学教学能力	本科(A)	282	47.34	9.010
	硕士(B)	200	48.48	8.108
	博士(C)	2	50.50	6.364
专业发展能力	本科(A)	282	12.71	2.682
	硕士(B)	200	13.31	2.300
	博士(C)	2	13.50	2.121

续表

检验变量	学历	人数	平均数	标准差
认识信念	本科(A)	282	45.01	7.275
	硕士(B)	200	45.82	6.730
	博士(C)	2	46.00	5.657
态度	本科(A)	282	36.56	5.777
	硕士(B)	200	37.05	5.224
	博士(C)	2	37.50	3.536

采用单因素方差分析比较不同学历的高职院校数学教师在核心素养总量表及分量表得分是否存在差异，结果见表6.16，发现不同学历的高职院校数学教师核心素养总量表及分量表层面得分不存在统计显著性差异。进一步地，研究检验不同学历的高职院校数学教师在核心素养量表子因素上是否存在认识差异，结果如表6.17所示，发现不同学历样本组在数学应用能力和专业发展能力两个依变量上存在差异，整体检验的 F 值分别为 3.173($p=0.043<0.05$)、3.305($p=0.038<0.05$)，达到显著性水平，由此表示不同学历的高职院校数学教师在数学应用能力和专业发展能力的认识上存在显著差异。这两个依变量方差同质性检验 F 值显著($p<0.05$)，违反同质性假定，因此运用 Tamhane's T2 检验法进行事后比较，结果发现硕士组样本在数学应用能力和专业发展能力得分的平均数显著高于本科组样本的得分平均数。需要说明的是，样本中博士只有2人，所以不适合进行统计数据分析。

表6.16 不同学历高职院校数学教师核心素养认识差异比较

检验变量	变异来源	平方和	自由度	平均平方和	F检验
知识	组间	83.381	2	41.690	1.187
	组内	16 895.181	481	35.125	
	总和	16 978.562	483		
能力	组间	472.803	2	236.402	1.744
	组内	65 190.519	481	135.531	
	总和	65 663.322	483		
品性	组间	201.319	2	100.660	0.667
	组内	72 620.202	481	150.978	
	总和	72 821.521	483		

续表

检验变量	变异来源	平方和	自由度	平均平方和	F 检验
总量表	组间	2 020.921	2	1 010.461	1.254
	组内	387 606.963	481	805.836	
	总和	389 627.884	483		

表 6.17 不同学历高职院校数学教师核心素养认识差异比较(子因素)

检验变量	变异来源	平方和	自由度	平均平方和	F 检验	事后比较 Tamhane's T2 法
本体性知识	组间	20.776	2	10.388	1.840	
	组内	2 715.488	481	5.646		
	总和	2 736.264	483			
条件性知识	组间	20.914	2	10.457	0.697	
	组内	7 213.598	481	14.997		
	总和	7 234.512	483			
数学应用能力	组间	6.245	2	3.122	3.173*	B>A
	组内	473.259	481	0.984		
	总和	479.504	483			
数学教学能力	组间	165.025	2	82.512	1.104	
	组内	35 933.694	481	74.706		
	总和	36 098.719	483			
专业发展能力	组间	42.317	2	21.158	3.305*	B>A
	组内	3 079.014	481	6.401		
	总和	3 121.331	483			
认识信念	组间	76.826	2	38.413	0.772	
	组内	23 919.463	481	49.729		
	总和	23 996.289	483			
态度	组间	29.557	2	14.778	0.480	
	组内	14 821.592	481	30.814		
	总和	14 851.149	483			

注:* $p<0.05$。

6.2.2.5 地区

不同地区的高职院校数学教师在核心素养三个初阶因素分量表和总量表得

分的描述性统计结果见表 6.18,子因素得分的描述性统计结果见表 6.19。各因素的均值关于地区的变化情况,知识、能力、品性三个依变量的各地区均值如图 6.3 所示。

表 6.18　不同地区高职院校数学教师核心素养认识的描述性统计量

检验变量	地区	人数	平均数	标准差
知识	华东(A)	146	35.59	5.895
	西北(B)	37	36.03	5.080
	华中(C)	48	36.77	4.033
	西南(D)	81	34.69	7.040
	华南(E)	52	35.94	5.230
	东北(F)	59	35.88	7.276
	华北(G)	61	37.28	5.050
能力	华东(A)	146	64.60	11.716
	西北(B)	37	65.51	11.249
	华中(C)	48	67.73	8.343
	西南(D)	81	63.25	13.258
	华南(E)	52	65.37	9.120
	东北(F)	59	63.95	14.846
	华北(G)	61	67.11	9.886
品性	华东(A)	146	81.91	11.699
	西北(B)	37	81.89	10.365
	华中(C)	48	84.54	6.598
	西南(D)	81	79.89	15.580
	华南(E)	52	82.79	10.613
	东北(F)	59	80.59	15.847
	华北(G)	61	84.69	10.062
总量表	华东(A)	146	182.10	27.587
	西北(B)	37	183.43	25.097
	华中(C)	48	189.04	18.037
	西南(D)	81	177.83	34.617
	华南(E)	52	184.10	22.386
	东北(F)	59	180.42	36.981
	华北(G)	61	189.08	23.738

表 6.19 不同地区高职院校数学教师核心素养认识的描述性统计量(子因素)

检验变量	地区	人数	平均数	标准差
本体性知识	华东(A)	146	13.40	2.569
	西北(B)	37	14.00	1.354
	华中(C)	48	14.23	1.325
	西南(D)	81	13.28	2.776
	华南(E)	52	13.85	2.136
	东北(F)	59	13.73	2.852
	华北(G)	61	14.11	2.058
条件性知识	华东(A)	146	22.19	3.746
	西北(B)	37	22.03	4.024
	华中(C)	48	22.54	2.996
	西南(D)	81	21.41	4.541
	华南(E)	52	22.10	3.327
	东北(F)	59	22.15	4.642
	华北(G)	61	23.16	3.205
数学应用能力	华东(A)	146	4.26	1.004
	西北(B)	37	4.24	1.164
	华中(C)	48	4.50	0.715
	西南(D)	81	4.25	0.969
	华南(E)	52	4.25	0.905
	东北(F)	59	4.24	1.194
	华北(G)	61	4.36	0.984
数学教学能力	华东(A)	146	47.48	8.593
	西北(B)	37	48.14	8.505
	华中(C)	48	49.85	6.081
	西南(D)	81	46.56	9.820
	华南(E)	52	48.02	7.039
	东北(F)	59	46.78	11.038
	华北(G)	61	49.38	7.280
专业发展能力	华东(A)	146	12.86	2.583
	西北(B)	37	13.14	2.263
	华中(C)	48	13.38	2.140
	西南(D)	81	12.44	2.954

续表

检验变量	地区	人数	平均数	标准差
专业发展能力	华南(E)	52	13.10	1.892
	东北(F)	59	12.93	3.151
	华北(G)	61	13.38	2.059
认识信念	华东(A)	146	45.19	6.914
	西北(B)	37	45.32	5.958
	华中(C)	48	46.98	3.582
	西南(D)	81	44.20	8.655
	华南(E)	52	45.96	5.914
	东北(F)	59	44.20	9.206
	华北(G)	61	46.59	5.863
态度	华东(A)	146	36.72	5.152
	西北(B)	37	36.57	4.787
	华中(C)	48	37.56	3.274
	西南(D)	81	35.69	7.137
	华南(E)	52	36.83	4.914
	东北(F)	59	36.39	7.034
	华北(G)	61	38.10	4.571

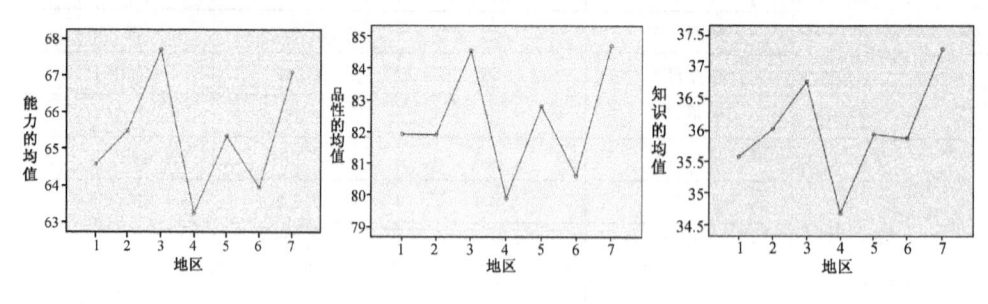

图 6.3 地区一阶因素得分均值图

采用单因素方差分析方法检验高职院校数学教师核心素养总量表及其分量表上的得分是否存在地区差异，结果如表 6.20 所示，发现不同地区的高职院校数学教师核心素养总量表及分量表层面得分不存在统计显著性差异。进一步地，研究检验不同地区的高职院校数学教师在核心素养量表子因素上是否存在认识差异，结果如表 6.21 所示，发现样本在子因素上也均不存在地区差异。

第6章　高职院校不同群体数学教师的差异分析

表 6.20　不同地区高职院校数学教师核心素养认识差异比较

检验变量	变异来源	平方和	自由度	平均平方和	F 检验
知识	组间	285.225	6	47.537	1.358
	组内	16 693.337	477	34.997	
	总和	16 978.562	483		
能力	组间	981.477	6	163.580	1.206
	组内	64 681.845	477	135.601	
	总和	65 663.322	483		
品性	组间	1 256.202	6	209.367	1.395
	组内	71 565.319	477	150.032	
	总和	72 821.521	483		
总量表	组间	6 752.331	6	1 125.389	1.402
	组内	382 875.553	477	802.674	
	总和	389 627.884	483		

表 6.21　不同地区高职院校数学教师核心素养认识差异比较(子因素)

检验变量	变异来源	平方和	自由度	平均平方和	F 检验
本体性知识	组间	55.730	6	9.288	1.653
	组内	2 680.534	477	5.620	
	总和	2 736.264	483		
条件性知识	组间	114.930	6	19.155	1.283
	组内	7 119.582	477	14.926	
	总和	7 234.512	483		
数学应用能力	组间	3.028	6	0.505	0.505
	组内	476.476	477	0.999	
	总和	479.504	483		
数学教学能力	组间	562.533	6	93.755	1.258
	组内	35 536.186	477	74.499	
	总和	36 098.719	483		
专业发展能力	组间	43.920	6	7.320	1.135
	组内	3 077.411	477	6.452	
	总和	3 121.331	483		

续表

检验变量	变异来源	平方和	自由度	平均平方和	F 检验
认识信念	组间	429.496	6	71.583	1.449
	组内	23 566.793	477	49.406	
	总和	23 996.289	483		
态度	组间	242.599	6	40.433	1.320
	组内	14 608.550	477	30.626	
	总和	14 851.149	483		

6.2.2.6 学校类型

本研究将高职院校类型分为理工科学校、文科学校、综合院校和其他类型学校四类，获得关于学校类型有效样本信息 383 份。不同类型学校的高职院校数学教师在核心素养分量表和总量表得分的描述性统计结果见表 6.22，子因素得分的描述性统计结果见表 6.23。

表 6.22 不同类型学校高职院校数学教师核心素养认识的描述性统计量

检验变量	学校类型	人数	平均数	标准差
知识	理工科(A)	116	36.33	5.676
	文科(B)	14	38.57	2.563
	综合(C)	190	36.33	5.708
	其他(D)	63	34.06	7.886
能力	理工科(A)	116	66.47	11.446
	文科(B)	14	70.21	7.618
	综合(C)	190	65.99	10.980
	其他(D)	63	61.06	15.012
品性	理工科(A)	116	83.36	11.794
	文科(B)	14	86.64	4.924
	综合(C)	190	82.67	11.767
	其他(D)	63	79.46	16.497
总量表	理工科(A)	116	186.16	27.494
	文科(B)	14	195.43	14.596
	综合(C)	190	184.99	27.058
	其他(D)	63	174.59	37.980

表 6.23 不同学校类型高职院校数学教师核心素养认识的描述性统计量(子因素)

检验变量	学校类型	人数	平均数	标准差
本体性知识	理工科(A)	116	13.91	2.137
	文科(B)	14	14.64	0.745
	综合(C)	190	13.93	2.192
	其他(D)	63	13.00	3.157
条件性知识	理工科(A)	116	22.41	3.829
	文科(B)	14	23.93	1.979
	综合(C)	190	22.39	3.811
	其他(D)	63	21.06	4.938
数学应用能力	理工科(A)	116	4.39	0.930
	文科(B)	14	4.50	0.760
	综合(C)	190	4.40	0.878
	其他(D)	63	3.89	1.369
数学教学能力	理工科(A)	116	48.76	8.607
	文科(B)	14	51.50	5.945
	综合(C)	190	48.48	8.091
	其他(D)	63	44.97	11.212
专业发展能力	理工科(A)	116	13.33	2.373
	文科(B)	14	14.21	1.188
	综合(C)	190	13.11	2.491
	其他(D)	63	12.21	3.219
认识信念	理工科(A)	116	46.20	6.776
	文科(B)	14	47.71	3.268
	综合(C)	190	45.66	6.726
	其他(D)	63	44.02	9.104
态度	理工科(A)	116	37.16	5.303
	文科(B)	14	38.93	2.674
	综合(C)	190	37.02	5.333
	其他(D)	63	35.44	7.658

采用单因素方差分析比较不同类型学校的高职院校数学教师在核心素养总量表及分量表得分是否存在差异,结果见表 6.24,"知识"和"能力"分量表整体检验的 F 值分别为 3.304($p=0.020<0.05$)、4.103($p=0.007<0.01$),"核心素养"总

量表整体检验的 F 值为 3.239($p=0.022<0.05$),均达到显著性水平,表示不同学校类型高职院校的数学教师在"知识""能力"和"核心素养"方面的认识存在显著性差异。为进一步探明哪些配对组间差异达到显著,进行事后比较,基于"知识""能力""核心素养"三个依变量方差同质性检验,样本方差不具有同质性,所以采用 Tamhane's T2 检验法,结果见表 6.24,表示"知识""能力"和"核心素养"三个因变量,文科组群体得分显著高于其他组群体。

表 6.24 不同学校类型高职院校数学教师核心素养认识差异比较

检验变量	变异来源	平方和	自由度	平均平方和	F 检验	事后比较 Tamhane's T2 法
知识	组间	360.994	3	120.331	3.304*	B>D
	组内	13 804.495	379	36.423		
	总和	14 165.488	382			
能力	组间	1 707.619	3	569.206	4.103*	B>D
	组内	52 578.020	379	138.728		
	总和	54 285.640	382			
品性	组间	914.323	3	304.774	1.946	
	组内	59 355.427	379	156.611		
	总和	60 269.749	382			
总量表	组间	8 141.291	3	2 713.764	3.239*	B>D
	组内	317 511.581	379	837.761		
	总和	325 652.872	382			

注:* $p<0.05$。

进一步地,研究检验不同学校类型高职院校数学教师在核心素养量表子因素上是否存在认识差异,结果如表 6.25 所示,发现"本体性知识""条件性知识""数学应用能力""数学教学能力""专业发展能力"五个因变量整体检验的 F 值分别为 3.379($p=0.018<0.05$)、2.849($p=0.037<0.05$)、4.763($p=0.003<0.01$)、3.720($p=0.012<0.05$)、3.734($p=0.011<0.05$),均达到显著性水平,表示不同学校类型高职院校的数学教师在"本体性知识""条件性知识""数学应用能力""数学教学能力""专业发展能力"方面的认识存在显著性差异。为探明哪些配对组间差异达到显著,故进行事后比较,因为"本体性知识""条件性知识""数学应用能力""数学教学能力""专业发展能力"五个因变量方差同质性检验,样本方差呈现异质

性,所以采用 Tamhane's T2 检验法,结果见表 6.25,表示"本体性知识""条件性知识""数学教学能力""专业发展能力"四个因变量,文科组群体得分显著高于其他组群体;"数学应用能力"因变量,综合组群体得分显著高于其他组群体;"专业发展能力"因变量,文科组群体得分显著高于综合组群体。

表 6.25 不同学校类型高职院校数学教师核心素养认识差异比较(子因素)

检验变量	变异来源	平方和	自由度	平均平方和	F 检验	事后比较 Tamhane's T2 法
本体性知识	组间	55.057	3	18.352	3.379*	B>D
	组内	2 058.463	379	5.431		
	总和	2 113.520	382			
条件性知识	组间	135.171	3	45.057	2.849*	B>D
	组内	5 994.207	379	15.816		
	总和	6 129.379	382			
数学应用能力	组间	13.908	3	4.636	4.763*	C>D
	组内	368.865	379	0.973		
	总和	382.773	382			
数学教学能力	组间	858.099	3	286.033	3.720*	B>D
	组内	29 144.131	379	76.897		
	总和	30 002.230	382			
专业发展能力	组间	73.330	3	24.443	3.734*	B>C
	组内	2 480.905	379	6.546		B>D
	总和	2 554.235	382			
认识信念	组间	262.564	3	87.521	1.736	
	组内	19 109.044	379	50.420		
	总和	19 371.608	382			
态度	组间	201.406	3	67.135	2.062	
	组内	12 337.325	379	32.552		
	总和	12 538.731	382			

注:* $p<0.05$。

6.2.2.7 性别、学历和学校类型的交互作用分析

由上述单因素方差分析结果可知,性别、学历和学校类型三个因素的不同水平对于分量表或者总量表造成了显著的差异。在此基础上,采用多因素方差分析,进

一步研究性别和学历、性别和学校类型、学历和学校类型二者之间的交互作用效应以及性别、学历和学校类型三者之间的交互作用效应。分析结果见表6.26,结果显示,"性别*学历"对"核心素养"因素有显著的交互作用($F=4.238, p<0.05$),对"能力"和"品性"子因素有显著的交互作用($F=4.068, p<0.05; F=4.758, p<0.05$);"性别*学校类型"对"品性"子因素有显著的交互作用($F=2.985, p<0.05$)。

表6.26　主体间效应的检验

源	因变量	Ⅲ型平方和	df	均方	F	Sig.
性别*学校类型	知识	63.057	3	21.019	0.600	0.616
	能力	223.806	3	74.602	0.562	0.641
	品性	1 323.436	3	441.145	2.985	0.031
	核心素养	3 493.550	3	1 164.517	1.466	0.223
性别*学历	知识	68.059	1	68.059	1.942	0.164
	能力	540.388	1	540.388	4.068	0.044
	品性	703.164	1	703.164	4.758	0.030
	核心素养	3 365.540	1	3 365.540	4.238	0.040
学校类型*学历	知识	53.587	4	13.397	0.382	0.821
	能力	172.208	4	43.052	0.324	0.862
	品性	387.609	4	96.902	0.656	0.623
	核心素养	1 569.764	4	392.441	0.494	0.740
性别*学校类型*学历	知识	180.266	2	90.133	2.571	0.078
	能力	396.572	2	198.286	1.493	0.226
	品性	570.209	2	285.104	1.929	0.147
	核心素养	3 264.172	2	1 632.086	2.055	0.130

6.3　分析与讨论

(1) 高职院校数学教师对本研究所建构的核心素养整体认同度高。

高职院校数学教师核心素养各层面及总量表的单题平均分都高于4分(量表采用的是Likert五点量表形式),并且样本在总量表上的得分显著高于量表分值中位数,这表明高职院校数学教师对于本研究建构量表所包括的核心素养整体认同度是非常高的。对不同因素的认同程度有所不同,从知识、能力和品性三个维度来看,以对"品性"的认同度最高,这表明高职院校数学教师认为,相较于知识、能力而言,高职院校数学教师的品性素养更为重要,品性包括教师对数学教学、数学知识和自我的认识信念以及对工作、他人和专业化的态度。进一步分析比较子因素的单题平均分,以"数学应用能力"的单题平均分最低,"态度"的单题平均分最高,其中又以"对专业化的态度"的单题平均分最高,由此表明高职院校数学教师认为,态度是高职院校数学教师最重要的核心素养;相较于对工作、对他人的态度,他们更注重对专业发展和对终身学习的态度。

为探究产生这一结果的原因,本研究进一步访谈了来自五所高职院校的15名数学教师,他们认为高职院校数学教师较少能得到专家的指导,与同行、专业教师合作的机会也较少,但是与此同时社会对高职院校数学教育提出的新要求,使得数学教师迫切地需要得到专业发展的机会,终身学习的意愿也比较强烈,因此他们倾向于认为,对待专业化的态度是最为重要的核心素养。同时他们认为,相对而言数学应用能力,则是最基本的高职院校数学教师素养要求;产生这一结果的原因将在不同学历认识差异中进行分析。通过探究当前高职院校数学教师的认识,对有针对性地提供契合教师实际需求的素养提升行动有重要的意义。

(2) 女教师对核心素养的认同度显著高于男教师。

高职院校数学教师关于核心素养的认识存在性别差异,并且达到非常显著的水平($p<0.001$)。相对于男教师,女教师对本研究建构的核心素养有更高的认同度。为探究产生这一结果的原因,本研究进一步访谈了来自五所高职院校的10名女教师和10名男教师,以下为访谈问题和有代表性的观点。

访谈者:您认为目前对高职院校数学教师是怎样的要求?

女教师A:国家文件提出更加注重按照社会需求塑造学生能力,加强培养学生的科学思维能力。对于高职院校来说,我觉得数学教育就需要培养学生在职业情境中能进行科学思维,特别是数学思维的能力,以及应用科学思维解决复杂问题的能力,这是产业转型升级对职业能力的要求。如何培养学生的这种能力,就是对我们提出的新要求。

女教师B:现在高职院校与本科院校联合培养学生,对于数学教学的要求非常高,对于教师来说,一方面要有扎实的数学理论知识,另一方面,要求我们基于学生的特点,应用适合学生的教学方法。比如需要将抽象的概念形象化,做到深入浅出,能够应用多种方法表示概念。我们也需要了解学生,我们的学生习惯于听,不主动思考,我就会设计一些问题,启发学生去思考。我发现让他们向其他同学讲解如何解题,他们会获得成就感,增强学习数学的信心,同时也锻炼了他们的表达沟通能力,这对他们将来就业也是有用的。

女教师 C:我感觉,对教师能使用信息化技术进行教学的能力是方向,省里目前有教师信息化教学大赛,学校有在线开放课程的建设要求,要求在网络学习平台上能建课、用课。教师素质的提高,离不开信息化教学能力的提升。信息技术应用于教学,已成为一种趋势,不是我们愿不愿意的问题,而是我们是否具备这种能力的问题。通过两年多的网络学习平台的使用,我现在已经可以熟练地在上面建课、布置作业、发布任务、实施阶段测试,及时向学生反馈,通过录制微课视频,让学生能反复观看,我现在已经习惯应用网络学习平台进行教学了。

女教师 D:学校提出课堂上除了教知识和能力,还要育人。对数学教学来说,首先我们教师要有科学的态度和严谨的作风,去感染引领学生,另外在教学中可以引入数学史,了解中国传统文化,增强文化自信,同时了解世界数学文化,了解科学家追求真理的精神和数学品格,引领学生形成正确的价值观。

女教师 E:现在国家提出新工科,因此专业的综合在高职院校人才培养中数学的重要性日益凸显。之前我们说高职数学只要够用,现在这一观念已经转变。特别是数学建模能力,现在越来越多的行业用到大数据,数据分析能力也变得重要。我们教师也要与时俱进,不仅知道数学,还要熟悉专业,做到一专多能。

男教师 A:上好每节课,把学生讲懂。现在的学生越来越难教,通常一道题要讲很多遍,稍微有点变化,学生就又不会了。

男教师 B:我觉得最重要的是把学生讲懂。我记忆很深刻的是,我大学时候的数学教师,年纪很大了,他每次都能正好把黑板写满,他讲的知识点,我都能听懂,我们全班也很少有人睡觉的,现在学生很多都在玩手机,注意力不集中。

男教师 C:说实话,对高职学生谈数学建模,是不现实的,能把课上的例题做会已经不错了。学生入校时数学成绩就很低,再说最后就业可能根本就用不到数学,所以高职数学就要降低难度,让学生能够通过考试。

访谈者:从您自身的角度讲,您认为您迫切需要在哪些方面予以加强?

女教师 B:我个人感觉,最需要学习与教学相关的知识和方法。专业教师经常有教学方面的培训,比如项目教学、案例教学、工作过程系统化等,与我们数学教师直接相关的培训就很少,我们需要了解有哪些好的方法适用于高职学生。

女教师 C:信息技术工具很多,怎么使用到教学中。我们的理念是将信息技术应用到教学各环节中,有哪些可借鉴的案例。也有很多老师用得很好,我希望能与他们经常交流。怎么将信息技术与数学教学融合,我感觉还是比较欠缺。

女教师 E:专业方面的知识。我现在是通过与专业教师共同做课题,才算熟悉一些专业,我想其他教师是不熟悉专业的。特别是数学如何应用于专业,这些让专业老师去思考是不合适的。

男教师 B:语言表达能力,如何能把学生讲懂,会做题并不代表能讲得好,要吸引学生,使他们不玩手机,不睡觉。

男教师 D:还是数学功底要深厚,俗话说,教给学生一碗水,自己要有一桶水。自己的解题能力要强,这是硬道理。

访谈者:您是将现在的职业作为您当初入职的第一选择吗?

女教师 A:毕业时我现在工作的单位来学校招聘,我去应聘然后就被录用了。

女教师 B:本来也是想做老师的,可能一开始是想去本科院校试试,但是后来机缘巧合就到高职做老师了。

女教师 D:我是读师范的,就是要当老师的。毕业时正好现在工作单位招老师,我们一届有很多同学都一起来应聘的。

男教师 A:当然不是啦,男的嘛,总是想去闯闯的。

男教师 C:我爱人先被这边录用了,我原先没有想过要当老师的。

从上述观点可以看出,高职院校女教师更加清晰地意识到社会对自身需求的变化,能够与时俱进地应对未来职业变化、职业教育发展对高职数学教育和高职院校数学教师的需求。比如,接受访谈的女教师谈到了数学史和数学文化、信息技术教学能力、数学应用能力、多种形式的数学表征能力、数学交流能力等,虽然有的并未用专属名词,但是却蕴含其意。而且,女教师表现出了积极主动地想通过学习、参与和合作提升自己能力的愿望。比较而言,接受访谈的男教师更多地仍是从传统数学教学的角度,以自己先前数学学习的经历来指导现在自身的教学,并且表现出了消极被动的态度。与此同时,接受访谈的 10 名女教师有 3 名参加过省级信息化教学大赛,全部都主持或者参与建设了在线开放课程;6 名教师担任高职本科联合培养试点班级的数学教学。而接受访谈的10名男教师中仅有4名参与建设了在线开放课程，2名担任试点班教学。有理由认为，相较于男教师，高职院校女教师对需求有符合社会发展趋势的更清晰的认识，又通过参与课程建设和教学改革深化了认识，从而对高职院校数学教师核心素养有更高的认同度。深层原因可能与男教师对从事教师职业的自身认可度比较低有关，女教师更多是主动愿意成为高职院校教师，而男教师则更多是因为其他原因而"偶然"地选择了这一职业。

(3) 6~10年教龄教师对于核心素养的认同度最高。

高职院校数学教师关于核心素养的认识不存在教龄上的差异，这表示高职院校不同教龄阶段的数学教师对核心素养的认识呈现稳定的状态，即不会因为教龄的增长而产生认识上的显著改变。但是由不同教龄各因素单题平均分值的变化趋势显示，总体上教龄在6~10年的教师比1~5年的教师对核心素养的认同程度有所提高，随后有所下降，但随着教龄继续增长，认同程度又有所回升。分析这一变化趋势，说明教龄在6~10年的教师，随着教学经验的增长，对核心素养有更深的认同感，因此对这一阶段的教师进行核心素养的提升是比较有效的，从而也能够避免后续阶段对核心素养认识的下降。

(4) 不同职称教师关于核心素养的认识持稳定状态。

高职院校数学教师关于核心素养的认识不存在职称上的差异，这说明不同职称的教师对核心素养的认识是较为稳定的，没有随着职称的变化而产生认识上的显著改变。由此说明，高职院校数学教师核心素养的内容在不同职称的数学教师群体层面都是相对一致的。

(5) 教师随学历提升对核心素养的认同度有所上升。

被试群体在核心素养各因素的单题平均分，随着被试学历的提升，都呈现上升的趋势，这说明教师的学历越高，对核心素养认同的程度也就越高。并且，硕士组在"数学应用能力"和"专业发展能力"的得分上显著高于本科组，这说明硕士学历的教师比本科学历的教师，对"数学应用能力"和"专业发展能力"有更高的认同度。

一方面，针对"数学应用能力"，由前文总体认识的数据可得，教师总体对数学应用能力作为核心素养的认同程度是低于核心素养其他因素的；但是其中硕士学历的教师对此的认同程度却显著高于本科学历的教师。分析其原因，大多数高职院校数学教师的专业背景为数学应用，随着学历的提升，数学应用能力的增强，教师更加赞同数学应用能力是核心素养的组成部分。因此有理由认为,高职院校数学教师对"数学应用能力"整体认同程度较其他因素低,不是因为教师自身数学应用能力实际已符合高职数学教育的要求,而是较低学历的教师没有充分认识到高职数学教育对于教师在数学应用能力方面的要求,或者简单认为自身的专业基础足够胜任高职数学教学,因此更需要针对本科学历的教师进行数学应用能力方面的培训。另一方面,针对"专业发展能力",根据数据分析结果,可以认为教师随着学历的提升,对教师具备教学研究、专业合作和科学研究等专业发展能力更为重视和认同。这一点在访谈中也得到证实,接受访谈的 15 位教师中,1 位有博士学历,10 位有硕士学历,4 位有本科学历,具备博士学历的教师较其他学历教师,更倾向于认为研究能力和专业合作能力是高职院校数学教师必不可缺的素养,他将这两项素养看作教师适应未来社会需求的关键因素。

(6) 不同地区教师关于核心素养的认识不存在显著差异。

高职院校数学教师关于核心素养的认识不存在地区上的差异,这说明不同地区高职院校数学教师对核心素养有相对一致的看法。但同时由不同地区被试在知识、能力和品性三个因素上的单题均值图显示,西南地区的教师对于核心素养的知识、能力和品性三个因素上的认同度都是最低的。

(7) 不同学校类型高职院校数学教师对于核心素养的认识存在差异。

不同学校类型高职院校数学教师关于核心素养的认识存在显著差异。一方面在"知识""能力"分量表以及"核心素养"总量表的得分上,高职文科院校数学教师得分显著高于其他类型高职院校数学教师得分($p<0.05$)。这说明高职文科院校数学教师比其他类型高职院校(除理工科、文科和综合科外的高职院校)数学教师对知识、能力维度以及核心素养整体都有更高的认同度。另一方面,综合类高职院校的数学教师对"数学应用能力"的认同度要显著高于其他类型高职院校的数学教师($p<0.05$),高职文科院校的数学教师对"专业发展能力"的认同度要显著高于综合类高职院校的数学教师($p<0.05$)。

文科类高职院校以文科专业设置为主,专业培养目标对数学的要求相对较低,但是数据统计结果显示这类院校的数学教师对于核心素养的认同度要比其他类型高职院校高,特别是对"专业发展能力"的认同程度比综合类高职院校数学教师要高。这一数据结果与我们一般的认识推理不符,其中原因可能与文科类高职院校调查样本偏少，使其代表程度较低，后续研究需要进一步增加文科类高职院校数学教师样本以作观察。但是，值得注意的是，理工科高职院校数学教师对核心素养的认识与其他三种类型院校数学教师的认识并未有差异，由此表示专业培养目标中对数学教学要求的高低与教师的认识并没有直接的联系；这也从另一方面说明，教师对于核心素养的认识一旦形成，就很难改变，不会因为外在要求的不同而产生明显的变化。所以对高职院校数学教师的核心素养的提升任务，需要结合不同类型院校的人才培养目标要求有针对性地进行外在引导和具体实施，它不会因教师所在院校的类别不同、要求不同而自动完成和实现。

6.4 研究结论

（1）高职院校数学教师对核心素养的认识整体是倾向于符合社会对高职院校数学教育的需求和高职院校数学教育现实中要解决的问题需求。

（2）性别在高职院校数学教师核心素养的认识上存在主效应作用，女教师对核心素养的认同度显著高于男教师。

（3）教龄、职称、地区在高职院校数学教师核心素养的认识上不存在主效应作用。

（4）学历的不同水平在"数学应用能力"和"专业发展能力"两个子因素上产生显著差异，具体地，硕士组被试在这两个子因素的得分要显著高于本科组被试。

（5）理工科高职院校数学教师对核心素养的认识与文科类、综合类和其他类高职院校数学教师的认识之间不存在差异。

（6）性别和学历对于核心素养的认识以及对于能力和品性的认识有显著的交互作用，性别和学校类型对品性的认识有显著的交互作用。

第7章 提升高职院校数学教师核心素养的对策建议

7.1 提升高职院校数学教师核心素养的前提性反思

7.1.1 提升高职院校数学教师核心素养的目标提出

研究高职院校数学教师的核心素养结构蕴含着两方面的涵义,一是彰显了高职院校数学教师作为专业群体的专业性,即认为该群体具有不同于其他群体的专业知识、能力和品性等专业素养构成了研究高职院校数学教师核心素养的前提;二是明确了高职院校数学教师专业素养的具体因素成分及其相互之间的关系,为提升高职院校数学教师核心素养指明了方向。因此研究高职院校数学教师核心素养是高职院校数学教师"专业化"的应有之义,研究结果对促进高职院校数学教师的专业化有重要的现实作用。

美国 NCTM 在 2000 年提出高质量数学教育的六条指导原则后,于 2014 年对其进行更新,其中重要的变化是第一次将数学教师的"专业化"(professionalism)作为指导原则之一。"专业化"的内涵主要体现在两个方面:专业标准和专业发展。[①]专业标准可以理解为数学教师应当具备怎样的专业知识、能力和品性才符合专业性的要求,它是专业化的具体标尺,是专业素养的具体表现;它可以被视为一个阶段专业化的目标,但绝非终点,由此蕴含了另一方面的涵义,即专业发展。Collins 指出,一个专业人员不会满足现状,即便他已经是很优秀了,他仍然会持续不断地学习和成长。[②] Wiggins 和 Jay 指出,一个专业人员始终保持专业水准,熟悉自身领域的相关研究并基于研究进行实践,通过个人和合作的方式积累经验和见解,从而不断提升自身的专业水平。[③] 具体对数学教师而言,NCTM 强调数学教师的专业化体现在两个方面:一方面指的是数学教师不断增进自身的知识素养,既包括教学所需的数学知识,又包括数学教学知识和关于学生的知识;另一方面数学教师需形成一种专业合作的文化,通过数学教师之间的合作,数学教师与数学专家和数学

[①] National Council of Teachers of Mathematics. Principles and Standards for School Mathematics[R]. NCTM, 2014:99-108.

[②] COLLINS J. Good to Great: Why Some Companies Make the Leap and Others Don't[M]. New York: Harper Collins, 2001.

[③] WIGGINS G, JAY M. Understanding by Design [M]. Alexandria, Va.: Association for Supervision and Curriculum Development, 1998.

教育专家等的合作来达到持续的专业发展。因此借鉴NCTM"专业化"指导原则的观点,研究高职院校数学教师核心素养结构对我国教育实践的启示之一在于,通过支持教师终身学习和专业合作达到持续的专业发展,从而提升高职院校数学教师的整体水平,以满足我国现代职业教育所需要的专业素养要求,并且能不断适应未来新的需求。这即为本研究提出的整体提升高职院校数学教师核心素养的目标。那么现阶段高职院校数学教师专业发展的具体内容和达成途径则需要结合高职院校数学教师的现状分析进行探索。

7.1.2 高职院校数学教师核心素养的现状分析

首先,基于本研究测量和调查的结果可以发现,高职院校数学教师对核心素养的认识总体倾向于社会对该群体的角色期待,这说明高职院校数学教师对未来职业变化对职业人才数学素养的要求以及现代职业教育对教师素养的要求有一定的认知。而且他们认为对专业发展的态度和对终身学习的态度,将成为高职院校数学教师核心素养的最为关键要素,因此可以看出高职院校数学教师已经认识到专业发展和终身学习对其提升素养以满足社会不断变化的需求的重要性,他们对专业发展持有积极的倾向和愿望。有理由认为,如果给予他们专业发展的机会和通道,他们将积极地参与。但是在本研究量表结构的分析中同样可以发现,通过理论建构和专家访谈所得到的因素,高职院校数学教师却并未能认识到这些因素的重要性。比如数学教学能力(PCA)、隐性课程资源和问题解决教学这些在数学教育领域非常重要的概念,对于大多数数学专业的高职院校数学教师,因其并没有接受过数学教育的专门学习和培训,所以这些概念对他们而言是没有意义的。又比如,数学人文教育能力和教育管理能力在目前高职院校数学教育中并没有显示出它们的重要性。因此综合这两方面的研究结果,可以得出以下结论:现阶段高职院校数学教师认识到职业教育新的需求,想通过不断学习和专业发展提升自身素养以满足社会新的要求;但是凭借高职院校数学教师自身并不能实现该诉求,需要外界给予他们专业发展的引导和支持,可以说由于其具有积极的主观认识倾向,如果能适时地给予符合其现实所需的、指向核心素养结构的引导和支持,那么有理由相信将整体提升高职院校数学教师的核心素养。

其次,现阶段高职院校数学教师需要哪些方面的引导支持,也是素养提升途径探索的重要影响因素。一方面,本研究调查结果发现,相较于素养结构中的其他因素,高职院校数学教师对于数学应用能力的认同度是最低的。本研究在对该结果的分析讨论中认为,导致该结果的原因是目前高职院校数学教学中用到数学建模和数据分析的机会并不多,或者教师的数学应用能力水平已完全能够满足教学要求。然而这与未来职业能力中对数学建模、大数据分析和数据可视化等数学能力日益增长的需要是相背离的,而且研究者在对美国社区学院的数学教师进行访谈时发现,他们对数学应用能力,特别是数学统计能力十分注重,迫切需要获得这方面能力的提升,以满足教学的需要。因此有理由认为,高职院校当前数学教学内容未能跟上职业人才培养目标的要求,导致教师产生了这样的认识。美国数学委员会(The Conference Board of the Mathematical Sciences,CBMS)于2012年提出,数学教师是终身的"做数学者"(doers of mathematics),在整个教学生涯中都要为教学不断地深化自身的数学知识。他们通过与数学专家和数学教育专家共同讨论课程和教学,从而不断增进数学知识。为此美国国家科学基金会(National Science Foundation)和美国联邦教育部(U.S. Department of Education)联合建立了由数学专家、数学教育专家和数学教师组成的合作伙伴关系,目的是促进教师的数学教学能力,加深他们对教学中的数学知识和关于学生知识的理解。[1] 因此提升高职院校数学教师素养的第一个重要内容是,加深教师对于教学中所需的数学知识的理解,以满足职业能力中对数学素养的需要。另一方面,上述目标分析中提及,高职院校数学教师对于数学教育领域的重要概念还很陌生,由此推断他们也无法基于数学教育的相关研究进行教育实践,而专业人员能够基于研究进行实践是专业化固有特征之一,因此这将阻碍教师的专业发展。因此提升高职院校数学教师素养的第二个重要内容应当是,数学教育领域的重要概念和研究成果等,使他们能够利用这些知识促进有效教学实践。

再次,现阶段我国高职院校数学教师专业发展的主要途径为职后培训,但是职后培训在形式和内容上都存在一些问题。从形式来看,培训不具有系统性和持续性,没有统一的实施与执行框架。高职院校数学教师往往是为了获得职称评定所需的教育经历和获得参赛前的辅导等而去参加的临时性培训,并非着眼于教师持

---

[1] National Council of Teachers of Mathematics. Principles and Standards for School Mathematics[R]. NCTM, 2014:99-100.

续的专业发展;教师也很难成为主动的学习者。从内容来看,培训不是基于课程,没有明确地促进高职院校专业发展的课程体系。而在英国、美国和德国的师资培养经验中可以发现,课程体系的设置是基本要素。① 因此缺乏课程体系的系统规划,必然会影响师资培训对于促进高职院校数学教师素养提升的有效性。

7.2 提升高职院校数学教师核心素养的途径

上述对提升高职院校数学教师素养的前提性反思,为具体实施途径指明了方向。本研究认为适合现阶段我国高职院校数学教师素养提升的途径主要体现为两个方面,一是完善对高职院校数学教师的职后培训,二是促进高职院校数学教师的专业合作和研究能力,从而实现他们持续的专业发展。因此,本研究具体提出五条提升高职院校数学教师素养的实施途径。

7.2.1 建立适合高职院校数学教师素养提升的职后培训体系

已有研究表明,适合我国国情的职教师资培养途径为职后培养。② 特别是对于高职院校公共基础课教师而言,提升素养主要是依靠职后培训的方式。针对目前我国职教师资的职后培训普遍缺乏统一的实施与执行框架的问题,本研究提出需建立适合高职院校数学教师素养提升的职后培训体系的建议。

首先,建立培训体系需要构建制度化的培养框架。制度化的培养框架包含三个基本要素,高职院校数学教师专业素养标准,素养提升课程体系以及高职院校数学教师资格认证。专业素养标准是前提,它为课程设置和资格认证提供标准和参照,起到规范和指导作用。本研究为高职院校数学教师专业素养标准的确立提供了研究基础。课程体系规定了培训的内容,是培养框架的主体。课程内容需针对高职院校数学教师现状及其与专业素养要求之间的差距进行合理设置,课程结构需结合各专业人才培养对数学素养的不同要求进行差异性体现。资格认证是保障,它既是培训的结果,又是促进教师素养提升的指挥棒。因此高职院校数学教师

---

① 汤霓.英、美、德三国职业教育师资培养的比较研究[D].上海:华东师范大学,2016:154.
② 汤霓.英、美、德三国职业教育师资培养的比较研究[D].上海:华东师范大学,2016:178-179,153-154.

资格认证需与专业素养标准和课程设置相一致，体现对教师培训过程的要求并与教师的教学过程和教学效果结合起来。建立制度化的培养框架使得各国师资培养从无组织转为有组织的状态，以英国为例，政府通过构建一个与资格学分框架等级对应的职教教师资格证书体系来开展职教师资培养的课程，学生通过课程的学习才可获得相应的职教教师资格证书，体现了课程本位的培养框架。因此建立高职院校数学教师培训体系首先需要在高职院校数学教师的专业素养标准、课程体系和资格认证方面进行建设并形成明确的培养框架制度。

其次，建立培训体系需要系统规划培训路径。培训路径为高职院校数学教师素养提升的可操作性和稳定性提供了保障。一方面需规定所有新入职高职院校数学教师接受基本的培训要求，例如规定在一定时间内，通过课程学习和在职的教学实践，达到胜任高职院校数学教师的初级资格认证。另一方面需考虑高职院校数学教师的教龄、学历、学院类型和所在地区等特征，设置个性化的培训路径。本研究关于高职院校数学教师素养认识的差异性结果为此提供了研究基础。

7.2.2 设置针对高职院校数学教师素养提升需求的课程体系

课程作为培训体系的基本要素之一，它是高职院校数学教师职后培训的实施载体，对高职院校数学教师素养提升起到至关重要的作用。目前尚缺乏针对高职院校数学教师素养提升的课程体系，因此本研究具体对课程内容设置和组织形式提出建议。

首先，课程内容设置需以加深教师对于教学中所需数学知识的理解和数学教育领域重要概念和研究成果为主要方向。根据前文所述，未来工作能力中对数学素养日益增长的要求，需要高职院校数学教师具备培养学生"数学素养"的能力以及将培养学生"数学素养"与"职业能力"相融合的能力。而从本研究的现状调查结果来看，目前高职院校数学教师对"数学素养"教学的认识和将"数学素养"与"职业能力"培养相融合的知识和能力都是有所欠缺的。因此针对高职院校数学教师素养提升的课程设置，亟须突出上述两方面指向的内容。一方面，课程内容设置需加深教师对于教学中所需数学知识的理解，教学中所需的数学知识是能够体现"数学素养"与"职业能力"相融合的特征的，因此数学知识需具有"职业""专业"的情境性，解决职业情境和现实情境中的复杂问题，非常规问题，利用技术解决问题，用不同方法解决问题都是有效的知识能力增长载体。另一方面,课程内容设置需以数学教育领域重要概念和研究成果为重要组成部分,特别是围绕数学素养教学的重要理论和研究成果。例如针对数学素养教学,如何设置教学目标、设计教学任务、使用数学表征、促进数学交流和形成积极的数学学习倾向等基于研究的具体可操作的教学策略。已有研究表明,教师的数学知识以及在教学实践中应用的能力,教师注意、分析和回应学生思考的能力的增长是有效的教师专业发展项目所需涉及的两个主要方面。①

其次,课程的组织形式需突出教师的教学实践。已有研究表明,高质量的专业发展项目中,教师是有机会针对课程和教学进行学习的,并且教师有机会作为主动学习者的角色参与。② 研究者认为,这两方面的要求都表明教学实践对于教师素养提升的重要性。教师掌握了各种理论性知识,并不能保证其高效的教学行为,教学活动必须要有教师实践性知识的支持。教师实践性知识包括教师在教育教学实践中实际使用和(或)表现出来的知识(显性的和隐性的),是教师内在的、真正信奉的、在日常工作中"实际使用的理论",支配着教师的思想和行为,体现在教师的教育教学行动中,简言之即是"教师真正信奉,并在其教育教学实践中实际使用和(或)表现出来的对教育教学的认识"。③ 而实践性知识只有在教学实践的土壤中才能生长,因此针对高职院校数学教师素养提升的课程离不开以教师教学实践作为重要的组织形式。具体而言,可以围绕教师对课程核心内容的教学设计和教学实施开展课程的培训,以课堂观察作为重要的课程考核方式。总之除了理论知识的学习,结合教师的教学实践需成为课程重要的组织形式,唯有如此,教师才能有机会成为主动学习者。

7.2.3 组建专家和教师专业合作的学习共同体

根据前文所述,NCTM 指出,专业合作是实现教师持续的专业发展的重要手段。它具体包含两方面的涵义,一是教师通过与专家的合作,寻求专家的支持以获

---

① DOERR H M, LYNN T G, CATHERINE C LEWIS. Mathematics Professional Development Brief [R]. NCTM Research Brief. Reston, Va.: National Council of Teachers of Mathematics, 2010.

② BLANK R K, Nina D L A. Effects of Teacher Professional Development on Gains in Student Achievement: How Meta Analysis Provides Scientific Evidence Useful to Education Leaders[R]. Washington D. C.: Council of Chief State School Officers, 2009.

③ 陈向明.实践性知识:教师专业发展的知识基础[J].北京大学教育评论,2003,1(1):104-112.

得专业成长与发展。二是教师之间的相互合作以达到专业的发展。① 因此本研究提出组建专家和教师专业合作的学习共同体,以促进教师持续的专业发展和素养提升的建议。

首先,高职院校数学教师可以通过学习共同体获得数学专家、数学教育专家、职业教育专家以及行业专家等的支持。已有研究表明,各领域许多高效的专业人员往往都寻求专家的支持以获得专业的成长与发展。② 高职院校数学教师在数学教学领域需要获得数学专家和数学教育专家的支持,在职业教育领域需要获得职业教育专家和行业专家的指导,才能满足教师实施基于数学素养和职业相融合的教学实践的需求。借鉴美国通过国家层面由美国国家科学基金会(National Science Foundation)和美国联邦教育部(U.S. Department of Education)联合建立数学专家、数学教育专家和数学教师的合作伙伴关系的做法,我国也需要由国家层面组织建立高职院校数学教师获得各类专家支持的平台和机制。除此之外,高职院校层面也可通过政策制度构建教师与专家合作的通道,形成专家支持的学校文化。

其次,高职院校数学教师可以通过学习共同体实现数学教师之间以及数学教师与专业教师之间的合作。高职院校数学教师作为专业发展的主体,除了专家的支持,教师之间的合作是提升教师专业素养更为基本的途径。对于高职院校数学教师而言,不仅数学教师之间要进行专业合作,而且数学教师与专业教师之间也需要进行专业合作。前者可以直接针对数学教学进行研究讨论,后者可以帮助教师加深对数学与职业融合的理解。然而已有研究表明,有许多教师之间的合作并不是"真合作",这里的"真合作"指的是教师通过合作可以达到专业的发展。③ 实现"真合作"的条件之一是教师之间有共同的目标和认识,值得一提的是,本研究调查结果中发现高职院校数学教师对核心素养的总体认识倾向于社会的期待,可以间接地说明他们的总体认识是趋近的,这为数学教师之间的合作提供了基础和可能

---

① National Council of Teachers of Mathematics. Principles and Standards for School Mathematics[R]. NCTM, 2014:103-106.

② KNIGHT J. Instructional Coaching: A Partnership Approach to Improving Instruction [M]. Thousand Oaks, Calif. : Corwin, 2007.

③ PERRY A. The Data Teams Experience: A Guide for Effective Meetings[M]. Englewood, Colo. : Advanced Learning Press, 2011.

性。而数学教师需与专业教师积极地沟通,以使专业教师和数学教师之间对高职院校数学教育的发展和趋势能形成基本共识。实现"真合作"的条件之二是教师有成效的合作内容和手段。已有研究认为,以下的数学教师合作内容是有效的:① 共同审视学生要学习的数学内容和学生的数学实践(mathematics practics);② 开发和使用共同的教学评价检验学生的学习效果;③ 使用数据进行教学反思和改进教学;④ 设置短期和长期的教学目标;⑤ 讨论、选择和实施基于研究的教学策略;⑥ 共同研究制定改进教学的方案;⑦ 形成学习用于教学的数学知识、教学知识和关于学生知识的学习共同体。[①] 上述教师合作内容对合作手段就提出了相应的要求,首先教师合作共同设计教学被认为是一种非常有效的促进教师之间深度交流并且提升教师教学实践的手段。[②] 其次 NCTM(2007)提出,除了针对教学前的准备之外,数学教师共同分析教学结果,特别是通过课例研究、对教学视频数据的研究等方式对核心内容的教学反思也是另一种有效的合作手段。[③]

7.2.4 形成教学研究和科学研究的组织和环境

研究能力的提升是高职院校数学教师专业发展的必然选择,研究能力具体包括教育教学研究能力和专业科学研究能力。对于教育教学研究能力而言,它意味着教师需要具备教育教学研究者的心态,从研究者的角度审视现有的教育教学理论和教育实际问题,并且能着眼于自身的教学实践对教育教学进行研究。[④] 也就是说,教师会用教育教学理论来分析和解决自身教学实践中存在的问题,善于利用教育教学已有研究成果指导教学实践,改善教学。专业科学研究能力,对于高职院校数学教师而言,它更强调的是基于自身专业的数学基础研究以及数学在工程技术方面的应用研究。它为形成教学研究和科学研究的组织和环境指明了方向。

首先,鼓励高职院校数学教师参与研究项目。它既包括数学教学研究项目,又

---

① ALLISON E, LAURA B, LAUREN C, et al. Data Teams: The Big Picture Looking at Data Teams through a Collaborative Lens[M]. Englewood, Colo. : Lead and Learn Press, 2010.

② Stein Mary Kay, Jennifer Russell, Margaret Schwan Smith. "The Role of Tools in Bridging Research and Practice in an Instructional Improvement Effort." In Disrupting Tradition: Research and Practice Pathways in Mathematics Education, edited by William F. Tate, Karen D. King, and Celia Rousseau Anderson, pp. 33-44. Reston, Va. : National Council of Teachers of Mathematics, 2011.

③ National Council of Teachers of Mathematics. Principles and Standards for School Mathematics[R]. NCTM, 2014:105.

④ 杨茂庆,孙杰远.聚焦于教育研究能力的教师教育模式探析[J].教育研究,2012(12):95-99.

包括数学教师参与到专业教师的研究项目中进行科学研究。具体到学校层面,一方面可通过职称评定要求等政策制度引导教师积极参与,另一方面通过发挥学习共同体的作用,使高职院校数学教师获得专家及同行的支持,掌握研究方法,增强研究能力,形成研究的环境和氛围。其次,促进教师对教学实践有意识和结构性的反思。已有研究表明,课例研究以及对教学视频的研究是促进教师合作教学设计和反思教学结果的有效策略。① 为此学校层面需有相应的硬件条件保障。

7.2.5 实施针对高职院校数学教师不同群体差异性的核心素养提升策略

根据本研究调查高职院校数学教师不同群体关于核心素养认识的差异性结果,提出如下对策建议。

(1) 相较于高职院校女性数学教师,需进一步改善高职院校男性数学教师对核心素养的认识。

本研究调查结果发现,高职院校女性数学教师在核心素养结构的所有因素和观测变量上的得分均显著地高于男性教师得分。对于自身核心素养的不同认识,没有好与坏之分,但是会影响教师自身的素养提升成效,因此可以看成是有无成效之分。有成效的认识可以使教师形成与社会需求相一致的素养观,明晰自身素养提升方向,更能促进知识的增长和能力的提升;而无成效的认识则会阻碍教师自身核心素养提升。因此高职院校数学教师形成有成效的素养观,是促进教师专业发展,提升核心素养的重要内容。因此,高职院校女性数学教师更加清晰地认识到社会对自身需求的变化,她们对素养提升在心理上更容易接受,更愿意参与其中,该群体专业发展更容易取得成效。相较于女性教师,高职院校男性数学教师需被给予更多的关注,使他们更充分地认识到我国现代职业教育对数学教师素养的要求,也可通过男女教师的相互合作讨论,由女性教师带动引导男性教师形成对核心素养更有成效的认识,从而由认识促进行动,提升高职院校男女数学教师专业发展的成效。

(2) 加强对教龄在 6～10 年的高职院校数学教师素养提升的支持是更有

---

① FERNANDEZ C, MAKOTO Y. Lesson Study: A Japanese Approach to Improving Mathematics Teaching and Learning[M]. Mahwah, N.J.: Erlbaum, 2004.
MARZANO R J, TINA B, TAMMY H, et al. Becoming a Reflective Teacher[R]. Bloomington, Ind.: Marzano Research Laboratory, 2012.

效的。

不同教龄的被试群体在核心素养各因素单题平均分值的变化趋势显示，教龄在6～10年的高职院校数学教师比1～5年的教师对核心素养的认同度高，甚至比教龄在11～20年的教师认同度高。正如在第一点分析中所阐述的，教师对核心素养的认同度高将对其专业发展和素养提升起到更有成效的促进作用，因此该调查结论对现实的启示为：对高职院校数学教师的素养提升存在时间上的关键期，如果能加强对教龄在6～10年的高职院校数学教师的支持，那么将能更有效地提升他们的核心素养；错过该时期，教师的教龄增长并不能维持他们对自身素养积极有成效的看法，反而会对素养提升造成负面影响。

（3）给予较低学历的高职院校数学教师更多机会，以促进他们数学应用能力和研究能力的提升。

本研究调查结果发现，本科学历的高职院校数学教师对于数学应用能力、教学研究和科学研究能力以及专业合作能力的认同程度都显著地低于硕士学历的教师；本研究通过进一步与高职院校博士学历的数学教师访谈后发现，他们更倾向于认为研究能力和专业合作是高职院校数学教师必不可缺的素养，将这两项素养看作教师适应未来社会需求的关键因素。因此由该研究发现提出建议，高职院校在组建教师学习共同体时，要注重学历上的平衡，通过学校制度政策保障使得本科、硕士学历的教师能够加入博士学历教师的研究团队，使得较低学历的数学教师能够尽早地认识到数学应用能力、研究能力和专业合作能力对于教师专业素养的重要性，并且有效地提升他们在这些方面的能力。

（4）给予西南地区高职院校数学教师更多的专家支持，改善他们对核心素养的认识，借此提升他们的核心素养。

本研究对全国七个地区的高职院校数学教师进行了调查，分别是华东、西北、华中、西南、华南、东北及华北地区，调查结果发现，在七个地区中，西南地区的高职院校数学教师在核心素养三个因素上的得分均值都是最低的，可以说明他们对核心素养的认同程度整体上是不如其他六个地区的，这将影响该地区教师的专业发展和素养提升。因此有必要给予西南地区的高职院校数学教师更多的专家支持，如有效的师资培训机会，通过专家引领、教师的再教育机会以及不同地区教师之间的合作交流等，改善他们的认识，从而为素养提升构建基础。

（5）结合不同类型院校的人才培养目标要求，有针对性地提升高职院校数学教师的核心素养。

本研究调查结果发现，理工科高职院校数学教师对核心素养的认识与文科类、综合类和其他类等三种类型高职院校数学教师的认识之间并不存在差异。但是基于理工科院校人才培养目标中对数学素养的更高要求，如果理工科类院校数学教师是与该要求相符的话，那么他们的认识理应与其他类型教师之间存在差异，比如教学中所需的数学知识、提高学生数学建模的能力和教师的应用能力等。但是调查结果显示，教师的素养观没有因为人才培养目标的不同要求而产生明显的变化，这间接地说明不同类型高职院校数学教育的内容方式是不存在显著差异的。因此该研究结果对现实的启示为：需要结合不同类型院校的人才培养目标中对数学素养的不同要求，作为提升高职院校数学教师素养的内容依据，从而满足教师不同程度的素养提升需求。

第8章 研究结论

8.1 高职院校数学教师核心素养结构

本书在理论研究和专家访谈的基础上构建高职院校数学教师核心素养模型，并通过维度设计、项目选编和评估编制了高职院校数学教师核心素养量表。在此基础上本研究进行整体层面和分层面的探索性因素分析，通过逐项删除不合理题项，从而确认量表的因素结构，建立量表的建构效度，并且进一步采用结构方程模型方法对量表进行验证性因素分析，经由对初始模型的三次修正，最终得到一个与实际数据相契合的二阶因素模型，因此说明量表具有建构效度。该模型的二阶因素为高职院校数学教师核心素养，三个一阶因素为知识、能力和品性，其中知识因素可以分为本体性知识和条件性知识两个观测变量，能力因素分为数学能力、数学教学能力和专业发展能力三个观测变量，品性因素则分为认识信念和态度两个观测变量。

8.2 高职院校数学教师核心素养认识总体水平

高职院校数学教师对核心素养的认识总体倾向于符合社会对该群体的角色期待。具体地，高职院校数学教师在知识、能力和品性三个维度上的认识，以对"品性"因素的认同度最高，其中又最为赞同将"对专业发展的态度"和"终身学习的态度"作为高职院校数学教师核心素养的组成部分。

8.3 高职院校不同群体数学教师核心素养认识差异

1. 高职院校数学教师对核心素养的认识存在性别差异

高职院校数学教师对核心素养的认识存在显著的性别差异，女教师对于核心素养以及知识、能力和品性三个维度的认同度都显著高于男教师，女教师对核心素养的认识更符合社会的角色期待。

2. 高职院校数学教师对核心素养的认识在教龄、职称和地区上差异不显著

高职院校数学教师对核心素养的认识在教龄、职称和地区上差异均不显著。

但是教龄6~10年的教师比教龄在1~5年的教师对核心素养的认同度有所提高,之后随着教龄的继续增长反而有所下降。这说明6~10年教龄这一阶段是进行教师素养提升的有效时间,教师自身的认知程度达到最高,心理上更加需求以及更能接受有针对性的培训和提升。不同职称的教师对核心素养的认识是较为稳定的,这说明不同职称的高职院校数学教师需要相对统一的素养提升方案。在调查的七个地区中,西南地区教师对于核心素养的认识程度相较于其他地区是最低的,因此如何预防西南地区教师与其他地区的差距的进一步加大是需要考虑的问题。

3. 不同学历的高职院校数学教师对于核心素养的认识存在显著差异

具有硕士学历的高职院校数学教师对于核心素养中"数学应用能力"和"专业发展能力"的认识程度要显著高于具有本科学历的教师。这说明需要针对本科学历的教师进行数学应用能力方面的培训,促进他们对数学应用能力作为高职院校数学教师核心素养的意义和具体内涵及在教学中使用的认知。同时随着学历的提升,教师对于专业发展能力的认识程度不断上升,因此更需要给予教师这方面的引导和支持。NCTM指出,教师必须要持有这样的信念,教师的专业性使得他们有义务与同行合作,开放他们的教学用于共同的观察、研究和改进,专业合作被视为教师专业性的途径。[1]已有研究表明指向有效教学的专业发展主要体现在四个方面:① 教师的数学知识和他们在教学实践中对数学知识的应用能力;② 注意分析和回应学生思考的能力;③ 对于继续学习的信念和态度以及同事之间的关系;④ 支持他们学习的组织结构。[2]

4. 不同学校类型高职院校数学教师对于核心素养的认识存在差异

综合类高职院校的数学教师对"数学应用能力"的认同度显著高于其他类型高职院校数学教师;然而理工科高职院校数学教师对核心素养的认识与其他三种类型院校教师的认识却并未有差异。这说明教师对核心素养的认识水平与培养目标中对学生数学素养要求程度并无正相关联系,该结论与通常的推断是不

---

[1] Mathematics Teaching Today: Improving Practice, Improving Student Learning, 2nd ed. Updated, revised version of Professional Standards for Teaching Mathematics (NCTM 1991), edited by Tami S. Martin. Reston, Va.: NCTM, 2007.

[2] Doerr Helen M, Lynn T Goldsmith, Catherine C Lewis. Mathematics Professional Development Brief[M]. NCTM Research Brief. Reston, Va.: National Council of Teachers of Mathematics, 2010.

相符合的。

5. 性别、学历和学校类型对核心素养的认识存在交互作用

性别和学历对于核心素养的认识以及对于其中的能力和品性因素的认识有显著的交互作用,性别和学校类型对品性的认识也有显著的交互作用。

8.4 本研究的不足和对未来研究的启示

1. 本研究的不足

首先,本研究在利用编制和修订后的量表进行全国七个地区高职院校数学教师核心素养认识的调查中,不同群体的样本量不均衡,如博士学历群体只有2人,不适合做统计性分析,只能通过个别访谈进行弥补,不同学校类型中文科院校样本人数明显少于其他类型院校教师样本,因此关于文科院校所得的相关数据也不宜做统计分析和相应推理。因此想要得到更为可靠的结论,需要扩大样本数量。

其次,本研究在经过理论维度设计、初测、项目分析、复测、因素分析建构量表的信效度,得到较为可靠的高职院校数学教师核心素养结构后,仅针对高职院校数学教师对其的认知程度进行了调查,并未对该群体的各项核心素养或者是一个因素进行测量,因此今后需要进一步研究,以为教师素养提升实践提供更多的研究结论和基础。

2. 未来研究的启示

从本研究过程及研究所得结论中发现,有以下可以进一步研究的问题。

第一,对比量表复测的实际数据与理论思辨,包括专家访谈所构建的结构框架以后发现,前期理论构建的设想与高职院校数学教师的实际看法之间存在差距,比如被试样本不认为教育管理能力是高职院校数学教师的核心素养,具体包括组织管理的能力、心理健康教育能力、数学人文教育能力和思想品质教育能力。由此可以推测,不同教育阶段的数学教师对核心素养的内容会有不同的认识,可能由于实际教育任务的差别,如小学教师会更加认同教育管理能力是核心素养,或者由于接受教育培训的差异,如中小学教师比高职教师更多地接受教育知识的培训,会对PCA、隐性课程资源等产生更多的认同。而提高数学教师的核心素养,只有建立在他们的实际认识基础上才是有意义的。如果是教师认识中缺失的部分,那么首先

要引导教师产生认同甚至是信念,才有可能真正地提高教师在这一方面的素养。如果是理论设想与实际情况不符,那么需要调整素养提升方案以符合教师的实际需求。因此进一步对比高职院校数学教师和中小学数学教师对于核心素养的认识差异也是一项值得研究的内容,在研究结论基础上,分析原因,为教师素养提升产生实效提供研究基础。

第二,在得到相对较为可靠的高职院校数学教师核心素养结构基础上,针对某一个核心素养因素设计量表测试,逐步获得高职院校数学教师核心素养的实际水平数据,为教师素养提升提供依据,也是可以进一步研究的内容。

附录 A 专家访谈提纲

"高等职业院校数学教师核心素养"访谈提纲
（中国数学教育专家）

尊敬的专家，您好！

  首先感谢您抽出时间接受我的书面访谈！

  "高等职业院校数学教师核心素养"是我的研究题目，研究目的是要探明高职院校数学教师的核心素养结构。我想请您谈谈对一些问题的看法，您的意见将是我进一步完善研究的重要依据。为准确记录您的信息，请您将具体的看法填在问题后的空白处。非常感谢！

  在您回答之前，我将一些概念向您说明。

  1. 高等职业院校

  (1) 教育类型和层次：高等职业教育类型，专科层次。

  (2) 现阶段国家的定位是：

  ① 以立德树人为根本，关注学生职业生涯和可持续发展需要，促进学生德智体美劳全面发展。

  ② 以服务发展为宗旨，以促进就业为导向。面向经济社会发展需要和生产服务一线培养高素质技术技能人才，为建设人力资源强国和创新型国家提供人才支撑。

  ③ 中职高职衔接、职业教育与普通教育相互沟通，体现了终身教育的理念。为学生多样化选择、多路径成才搭建"立交桥"。

  (3) 现阶段主要生源类型：中职生、高中毕业的学生。

  2. 高等职业院校数学教师

  (1) 现阶段主要入职条件：具有数学学科的硕士或博士学位。

  (2) 职责：承担公共基础课——数学的教学。公共基础课是培养学生的文化素质、科学素养、综合职业能力和可持续发展能力,为学生实现更高质量就业和职业生涯更好发展奠定基础。

3. 核心素养

本研究指的是关键知识、能力和品性。"品性"(disposition),具体由信念(belief)、态度(attitude)和价值观(value)构成(NCATE Glossary)。

您的基本信息

姓名:

单位:

问题1:您认为,高等职业院校数学教师需要具备哪些关键的知识素养?并简要说明。

问题2:您认为,高等职业院校数学教师需要具备哪些关键的能力素养?并简要说明。

问题3:您认为,高等职业院校数学教师需要具备哪些关键的品性素养?并简要说明。

"高等职业院校数学教师核心素养"访谈提纲
(中国职业教育专家、中国高职院校数学教师)

尊敬的专家,您好!

首先感谢您抽出时间接受我的书面访谈!

"高等职业院校数学教师核心素养"是我的研究题目,研究目的是要探明高职院校数学教师的核心素养结构。我想请您谈谈对一些问题的看法,您的意见将是我进一步完善研究的重要依据。为准确记录您的信息,请您将具体的看法填在问题后的空白处。非常感谢!

本研究中"核心素养"指的是关键知识、能力和品性。"品性"(disposition),具体由信念(belief)、态度(attitude)和价值观(value)构成(NCATE Glossary)。

您的基本信息

姓名:

单位：

问题1：您认为，面向现阶段和未来职业教育的发展，高等职业院校数学教师扮演怎样的角色？

问题2：您认为，要求高等职业院校数学教师具备哪些关键的知识、能力和品性素养？请您做简要说明。

问题3：您认为，目前高等职业数学教育亟待解决哪些问题，如何解决？

"社区学院数学教师核心素养"访谈提纲（美国专家）

Name：		Work unit：	
Job title：		Position title：	
E-mail address：			

Interview Guide

1. Thank you for your time and wisdom to answer the questions below.

2. The questions are concerning the knowledge, skills and professional dispositions of a qualified mathematics teacher in community college.

3. The community college in my research offers the academic transfer, career and technical education.

Interview Questions

1. As to the knowledge of a qualified mathematics teacher in community college, what do you think are the core components? Please make a list and explain it briefly.

2. As to the skills of a qualified mathematics teacher in community college, what do you think are the core components? Please make a list and explain it briefly.

3. As to the dispositions of a qualified mathematics teacher in community college, what do you think are the core components? Please make a list and explain it briefly.

(PS：The term dispositions refers to belief, attitude and value in NCATE

Glossary.）

Consent to Participate in Research

Title: The knowledge, skills and dispositions of a qualified mathematics teacher in community college

Purpose of the Study

The purpose of this study is to investigate the essential and core components of the knowledge, skills and professional dispositions of a qualified mathematics teacher in community college.

Procedures

If you choose to participate in this study, you will be asked to have an interview in written form which includes three questions. Your name will not be used in the study (if name will be not used, job title and position will be not a concern, so you do not need this sentence). All data collection materials will be kept in a locked file in a password protected computer for three years. After three years, all the data collection materials will be destroyed.

Payment for Participation

As a token of appreciation, participants will get a pretty gift from China.

Confidentiality

Any information that is obtained in connection with this study and that can be identified with you will remain confidential and will be disclosed only with your permission or as required by law. You have the right to review/edit any of your responses. Only the researcher and her dissertation chair will have access to these data. These data will only be used for educational purpose, and will be erased after three years.

Participation and Withdrawal

You can choose whether to be in this study or not. If you volunteer to be in this study, you may withdraw at any time without consequences of any kind.

Identification of Investigators

If you have any question or concern about this study, you may contact *, project researcher at * or email *. You may also contact my faculty advisor, *, at *. Thank you for considering participation in this study. If you agree to participate in this study, please print your name, sign and fill in the date on the spaces provided below.

Name: _____ Signature: _____ Date: _____

Name and Signature of Investigator: _____

Date: _____

附录 B　高职院校数学教师核心素养初测/复测问卷

高职院校数学教师核心素养问卷

指导语：所有答案均无正确和错误之分，真实的答案就是好答案，调查结果仅作科研之用，我们对您的量表将全部保密。请您如实作答、不要漏题。谢谢合作！

基本信息（请在相应选项前的□内划√）

1. 性别　　□男　　□女
2. 教龄　　□1~5年　　□6~10年　　□11~20年　　□21年及以上
3. 职称　　□助教　　□讲师　　□副教授　　□教授
4. 学历　　□本科　　□硕士　　□博士
5. 年龄　　□21~30岁　　□31~40岁　　□41~50岁　　□51~60岁　　□60岁及以上
6. 所在学校地区　　□华东　　□西北　　□华中　　□西南　　□华南　　□东北　　□华北

下面的句子描述的是对高职院校数学教师应当具备的核心素养的一些看法，请您根据您的理解，您在多大程度上赞同它们，在相应的框内打"√"。

序号	高等职业院校数学教师应当具备的核心素养	完全不同意	少部分同意	一半同意	大部分同意	完全同意
1	具备扎实的数学理论知识					
2	能清楚地把握数学知识体系中的数学思想与方法					
3	具备一定的数学史和数学文化知识					
4	具备数学在科学、技术、工程、人文、社会学科中应用的知识					
5	具备教育理论、教育管理和现代教育技术等教育知识					
6	具备数学课程理论和数学教学理论的知识					

续表

序号	高等职业院校数学教师应当具备的核心素养	完全不同意	少部分同意	一半同意	大部分同意	完全同意
7	具备学生学习数学的心理规律和思维发展的知识					
8	具备学生个体特征和个体差异的知识					
9	了解高职院校应当培养学生哪些数学素养的知识					
10	具备一定其他学科的文化知识					
11	具备整合数学知识与教学知识进行教学的能力					
12	具备数学抽象、数学推理、直观想象、数学运算的能力					
13	具备与职业教育相关的数学建模、数据分析能力					
14	设置与专业相融合、发展学生数学素养的教学目标的能力					
15	整合各类优质教育资源,特别是教育技术资源的能力					
16	创设有利于学生数学素养发展的教学情境的能力					
17	具备提高学生数学交流水平的教学能力					
18	具备发展学生数学推理水平的教学能力					
19	具备引导学生使用多种数学表征的教学能力					
20	具备提高学生数学建模水平的教学能力					
21	具备促进学生灵活解决问题的教学能力					
22	具备引导学生形成积极的数学情感的教学能力					
23	具备评价学生数学思维品质和学习态度的教学能力					
24	具备使用现代教育技术进行教学的能力					
25	与学生有效地沟通交流,建立良好师生关系的组织管理能力					
26	引导学生形成积极的心理和乐观向上的品格的教育能力					
27	引导学生形成追求真理、严谨求实的思维品格的教育能力					
28	引导学生形成诚实守信、奉献社会的职业道德的教育能力					
29	从事教学研究,并将研究成果应用于教学实践的能力					
30	对自身教学实践进行反思、分析以改进教学的能力					
31	与校内外同行合作,增进知识、改进教学的能力					
32	具备科学研究的意识和能力					
33	相信高职院校数学教育的目的是培养学生的科学、人文、职业需求的数学素养					
34	相信数学教学应该面向全体学生,尊重个体差异					
35	相信现代教育技术是数学教学的有力工具,数学教育同时也需要培养学生使用信息技术解决问题的能力					

续表

序号	高等职业院校数学教师应当具备的核心素养	完全不同意	少部分同意	一半同意	大部分同意	完全同意
36	相信相对于教材等显性的教学资源,教师更应注重挖掘隐含在显性资源中的隐性教学资源					
37	认同有效的教学就是学生能积极主动地参与到对学习任务的解决和讨论中,由此发展学生的数学能力					
38	认同可以通过问题解决来掌握新的数学知识,所有学生都需要具备解决问题的一系列数学方法和策略					
39	认同数学教学不仅限于讲授与练习,阅读自学、独立思考、动手实践、自主探索、合作交流等都是学习数学的重要方式					
40	认同对数学学习的评价不仅在知识技能的掌握方面,还包括思维品质、学习态度和学习习惯方面					
41	相信数学具有科学价值、应用价值、文化价值和审美价值					
42	相信数学真理是相对的,但数学是严谨的、精确的					
43	相信自己在数学教学中能够有效地使用信息技术辅助教学					
44	相信自己具有用数学的思维方式思考和处理问题的习惯					
45	相信自己能够为学生提供高质量的数学教学					
46	具有培养学生的数学科学素养、人文素养,服务学生职业发展的使命和担当					
47	接纳、肯定自身的工作,乐于成为一名高职数学教师					
48	热爱职业教育事业,愿意为其奉献自己的精力和时间					
49	具备崇尚科学、追求真理的科学态度和严谨求实、探索钻研的理性精神					
50	对所有学生给予关心和支持,不放弃任何一名学生;不存在偏见,持有公正的态度					
51	善于接受同事的反馈和专家的指导意见,与其他同事建立良好的关系,融入团队					
52	确定专业发展的目标,寻求与校内外同行、专业教师和专家等的合作进行专业学习的机会					
53	具备终身学习的态度					

附录 C "高职院校数学教师核心素养量表"项目选编

项目编号	项目内容
K1	具备扎实的数学理论知识
K2	能清楚地把握数学知识体系中的数学思想与方法
K3	具备一定的数学史和数学文化知识
K5	具备教育理论、教育管理和现代教育技术等教育知识
K6	具备数学课程理论和数学教学理论的知识
K7	具备学生学习数学的心理规律和思维发展的知识
K8	具备学生个体特征和个体差异的知识
K9	了解高职院校应当培养学生哪些数学素养的知识
S13	具备与职业教育相关的数学建模、数据分析能力
S14	设置与专业相融合、发展学生数学素养的教学目标的能力
S15	整合各类优质教育资源,特别是教育技术资源的能力
S16	创设有利于学生数学素养发展的教学情境的能力
S17	具备提高学生数学交流水平的教学能力
S18	具备发展学生数学推理水平的教学能力
S19	具备引导学生使用多种数学表征的教学能力
S20	具备提高学生数学建模水平的教学能力
S21	具备促进学生灵活解决问题的教学能力
S22	具备引导学生形成积极的数学情感的教学能力
S23	具备评价学生数学思维品质和学习态度的教学能力
S24	具备使用现代教育技术进行教学的能力
S29	从事教学研究,并将研究成果应用于教学实践的能力
S31	与校内外同行合作,增进知识、改进教学的能力
S32	具备科学研究的意识和能力
D33	相信高职院校数学教育的目的是培养学生的科学、人文、职业需求的数学素养
D34	相信数学教学应该面向全体学生,尊重个体差异
D37	认同有效的教学就是学生能积极主动地参与到对学习任务的解决和讨论中,由此发展学生的数学能力

续表

项目编号	项目内容
D39	认同数学教学不仅限于讲授与练习,阅读自学、独立思考、动手实践、自主探索、合作交流等都是学习数学的重要方式
D40	认同对数学学习的评价不仅在知识技能的掌握方面,还包括思维品质、学习态度和学习习惯方面
D41	相信数学具有科学价值、应用价值、文化价值和审美价值
D42	相信数学真理是相对的,但数学是严谨的、精确的
D43	相信自己在数学教学中能够有效地使用信息技术辅助教学
D44	相信自己具有用数学的思维方式思考和处理问题的习惯
D45	相信自己能够为学生提供高质量的数学教学
D46	具有培养学生的数学科学素养、人文素养,服务学生职业发展的使命和担当
D47	接纳、肯定自身的工作,乐于成为一名高职数学教师
D48	热爱职业教育事业,愿意为其奉献自己的精力和时间
D49	具备崇尚科学、追求真理的科学态度和严谨求实、探索钻研的理性精神
D50	对所有学生给予关心和支持,不放弃任何一名学生;不存在偏见,持有公正的态度
D51	善于接受同事的反馈和专家的指导意见,与其他同事建立良好的关系,融入团队
D52	确定专业发展的目标,寻求与校内外同行、专业教师和专家等的合作进行专业学习的机会
D53	具备终身学习的态度

参考文献

中文部分

[1] 毕力格图,史宁中,孔凡哲.论中小学教师专业标准中的学科成分[J].教育理论与实践,2011,31(4):32-36.

[2] 白红美.高中数学教师学科素养现状调查[D].呼和浩特:内蒙古师范大学,2014.

[3] 北京教育科学研究院基础教育教学研究中心项目组.课堂教学如何为学生核心素养发展提供有效支点?——北京市学生发展核心素养的教与学研究报告(2015)[J].中小学管理,2016(10):37-40.

[4] 夏征农,陈至立.辞海(缩印本)[M].上海:上海辞书出版社,2010.

[5] 陈向明.实践性知识:教师专业发展的知识基础[J].北京大学教育评论,2003,1(1):104-112.

[6] 曹培芳.高职数学教师素质研究[D].扬州:扬州大学,2006.

[7] 操太圣,卢乃桂.伙伴协作与教师赋权——教师专业发展新视角[M].北京:教育科学出版社,2007.

[8] 程长胜.高职院校学生数学学习现状调查与策略研究[D].石家庄:河北师范大学,2014.

[9] 曹培英.从学科核心素养与学科育人价值看数学基本思想[J].课程·教材·教法,2015,35(9):40-43.

[10] 蔡金法,徐斌艳.也论数学核心素养及其构建[J].全球教育展望,2016,45(11):3-12.

[11] 曹一鸣,刘晓婷,郭衎.数学学科能力及其表现研究[J].教育学报,2016,12(4):73-78.

[12] 陈刚,皮连生.从科学取向教学论看学生的"核心素养"及其体系构建[J].湖南师范大学教育科学学报,2016,15(5):20-27.

[13] 陈柳娟,林晴岚.基于数学核心素养的教师教育教学思考[J].教学与管理,2017(1):109-111.

[14] 董茜.高职计算机专业数学教学改革研究[D].济南:山东师范大学,2010.

[15] 董奇.人格本位:高职课程发展的突破与超越[J].教育发展研究,2014,34(11):46-51.

[16] 邓莉,彭正梅.面向未来的教学蓝图——美国《教学2030》述评[J].开放教育研究,2017,23(1):37-45.

[17] 弗赖登塔尔.数学教育再探——在中国的讲学[M]刘意竹,等译.上海:上海教育出版

社,1999.

[18] 傅敏,刘燚.论现代数学教师的能力结构[J].课程•教材•教法,2005,25(4):78-82.

[19] 范国蓉.云南省高等职业院校数学教师专业发展现状调查与策略研究[D].昆明:云南师范大学,2007.

[20] 方勤华.高中数学教师数学专业素养研究[D].兰州:西北师范大学,2009.

[21] 冯丽.高职院校数学课程基本功能的探讨与研究[D].大连:辽宁师范大学,2015.

[22] 顾沛.数学文化[M].北京:高等教育出版社,2008:6.

[23] 高宝立.潘懋元先生的学术风格与治学特色[J].教育研究,2010(9):37-44,100.

[24] 教育部师范教育司.教师专业化的理论与实践[M].北京:人民教育出版社,2003.

[25] 教育部.普通高中数学课程标准[M].北京:人民教育出版社,2020.

[26] 葛道凯.美国生涯与技术教育调研报告[J].中国职业技术教育,2016(1):23-29.

[27] 姜勇.美国"以标准为基础"的教师证照制度的改革与启示[J].比较教育研究,2011,33(2):40-44.

[28] 姜宇,辛涛,刘霞.基于核心素养的教育改革实践途径与策略[J].中国教育学刊,2016(6):29-32,73.

[29] 黄友初.基于数学史课程的职前教师教学知识发展研究[D].上海:华东师范大学,2014.

[30] 黄友初.欧美数学素养教育研究[J].比较教育研究,2014,36(6):47-52.

[31] 黄友初.我国数学素养研究分析[J].课程•教材•教法,2015,35(8):55-59.

[32] 洪燕君,周九诗,王尚志,等.《普通高中数学课程标准(修订稿)》的意见征询——访谈张奠宙先生[J].数学教育学报,2015(3):35-39.

[33] 黄友初.学校教育中数学素养教育的构建[J].教师教育研究,2016(2):86-90.

[34] 林崇德,申继亮,辛涛.教师素质的构成及其培养途径[J].中国教育学刊,1996(6):16-22.

[35] 刘捷.专业化:挑战21世纪的教师[M].北京:教育科学出版社,2002.

[36] LYNDA F, PATRICIA P.教师新概念 教师教育理论与实践[M].王建平,译.北京:中国轻工业出版社,2002.

[37] 罗晓明.人格本位[M].上海:上海文化出版社,2006.

[38] 刘志平,刘美凤,吕巾娇,等.小学数学教师教学设计能力及其构成研究[J].中国电化教育,2009(272):77-81.

[39] 卢兵.探索高职学生综合职业能力培养的新途径[J].中国大学教学,2011(3):84-86.

[40] 李孝诚,綦春霞,史晓峰.初中数学教师教学设计能力发展的实证研究——基于网络研修共同体教师专业发展的个案研究[J].中国电化教育,2013(3):57-61,67.

[41] 刘燕.高职院校高等数学课程教学改革的研究:以新疆克拉玛依职业技术学院为例[D].桂林:广西师范大学,2014.

[42] 李晓军.核心素养:技术本科院校通识教育的新走向[J].教育发展研究,2014,34(17):65-40.

[43] 李艺,钟柏昌.谈"核心素养"[J].教育研究,2015,36(9):17-23.

[44] 刘喜莲.强化数学应用意识 培养学生数学素养[J].教育理论与实践,2015,35(29):51-53.

[45] 刘德宏.渗透数学思想 提升数学素养[J].教育探索,2015(2):32-35.

[46] 李星云.基于数学核心素养的小学数学教师课程体系建构[J].教育理论与实践,2016,36(11):45-48.

[47] 刘晟,魏锐,周平艳,等.核心素养如何落地——来自全球的教育实践案例及启示[J].人民教育,2016(20):60-67.

[48] M.克莱因.西方文化中的数学[M].张祖贵,译.上海:复旦大学出版社,2004.

[49] 孟宪乐.教师专业化发展与策略[M].北京:中国文史出版社,2005.

[50] 米靖.论职业教育教师的专业化及其要求[J].职教通讯,2010(9):25-31.

[51] 马云鹏.关于数学核心素养的几个问题[J].课程·教材·教法,2015,35(9):36-39.

[52] 门亚玲.高职院校高等数学教学改革研究——以咸阳职业技术学院为例[D].咸阳:西北农林科技大学,2015.

[53] 裴新宁,刘新阳.为21世纪重建教育——欧盟"核心素养"框架的确立[J].全球教育展望,2013(12):89-102.

[54] 潘红艳.积极心理理念的高职数学课堂教学研究[D].长沙:湖南农业大学,2014.

[55] 齐民友.数学与文化[M].长沙:湖南教育出版社,1991.

[56] 石伟平.比较高等职业教育:发展与变革[M].上海:上海教育出版社,2006:16.

[57] 史宁中,孔凡哲."数学教师的素养"对话录[M].人民教育,2008(21):43-47.

[58] 孙成成,胡典顺.数学核心素养:历程、模型及发展路径[J].教育探索,2016(12):27-30.

[59] 孙长远,庞学光.惟"何以为生":职业教育面临的问题及其消解[J].中国职业技术教育,2016(12):12-17.

[60] 史凌娟.高职院校数学教学中融入数学史的实验研究——以镇江高等职业技术学校为例[D].昆明:云南师范大学,2016.

[61] 史宁中.学科核心素养的培养与教学——以数学学科核心素养的培养为例[J].中小学管理,2017(1):35-37.

[62] 汤霓.英、美、德三国职业教育师资培养的比较研究[D].上海:华东师范大学,2016.

[63] 王洪明.教师素质的构成及培养[J].教育探索,2001(8):82-83.

[64] 翁朱华.远程教育教师角色与素养研究[D].上海:华东师范大学,2013.

[65] 王立国.基于教师专业发展的教师素质标准研究[D].兰州:西北师范大学,2007.

[66] 王钱.柳州高职院校数学教学现状调查及相关改革研究[D].桂林:广西师范大学,2008.

[67] 吴琼,高夯.教师专业知识对高中数学教师各项教学能力影响的调查研究[J].教师教育研究,2015,27(4):61-67,73.

[68] 吴晓红,何睦.美国CCSSM课程标准的理性审视[J].外国中小学教育,2016(4):31-35.

[69] 吴明隆.问卷统计分析实务——SPSS操作与应用[M].重庆:重庆大学出版社,2016.

[70] 吴明隆.结构方程模型——AMOS的操作与应用[M].重庆:重庆大学出版社,2010.

[71] 辛涛,申继亮,林崇德.从教师的知识结构看师范教育的改革[J].高等师范教育研究,1999(6):12-17.

[72] 薛晓阳.人的教育:一种社会哲学的考察[J].教育理论与实践,2006,26(1):1-5.

[73] 徐涵.行为导向教学中教师角色的转换[J].中国职业技术教育,2006(4):10-12.

[74] 徐金燕.小学数学教师信息素养的现状及提高策略研究[D].长春:东北师范大学,2011.

[75] 徐斌艳.数学学科核心能力研究[J].全球教育展望,2013(6):67-74,95.

[76] 谢圣英.中学数学教师的认识信念系统和教学监控能力及相关研究[D].南京:南京师范大学,2013.

[77] 徐雄伟.上海市民办高校教师专业发展现状与实证研究[D].上海:上海师范大学,2015.

[78] 于光远,陈保平.教师素养新论[M].兰州:兰州大学出版社,2001.

[79] 尹文忠.初中数学教师的人文素养现状研究[D].济南:山东师范大学,2010.

[80] 袁祖望.论高校教师的教育专业化[J].辽宁教育研究,2006(4):67-69.

[81] 喻平.数学教学的三种水平及其理论分析[J].课程·教材·教法,2012(1):63-69.

[82] 喻平.教学认识信念研究[M].北京:科学出版社,2016.

[83] 喻平.数学学科核心素养要素析取的实证研究[J].数学教育学报,2016,25(6):1-6.

[84] 喻平.发展学生学科核心素养的教学目标与策略[J].课程·教材·教法,2017,37(1):48-53.

[85] 余胜泉.未来,我们需要什么样的教师.[EB/OL](2017-6-27).http://news.sciencenet.cn/htmlnews/2017/6/380527.shtm.

[86] 袁振国.实证研究是教育学走向科学的必要途径[J].华东师范大学学报(教育科学版),2017,35(3):4-17,168.

[87] 中国大百科全书总编辑委员会.中国大百科全书·教育[M].北京:中国大百科全书出版

社,1985.

[88] 张念宏.中国教育百科全书[M].北京:海洋出版社,1991.

[89] 郑燕祥.教育的功能与效能[M].香港:广角镜出版社有限公司,1986.

[90] 张奠宙.构建学生容易理解的数学教育形态——数学和人文意境相融合的10个案例[J].教育科学研究,2008(7):48-50.

[91] 郑秀英.职业教育教师专业化问题研究[D].天津:天津大学,2010.

[92] 郑秀英,周志刚."双师型"教师:职教教师专业化的发展目标[J].中国职业技术教育,2010(27):75-78.

[93] 张建桥.美国教师教育之"品性"标准探微[J].比较教育研究,2011,33(2):36-39,44.

[94] 周明儒.在日常教学中做到数学与人文的有机交融[J].中国大学教学,2012(7):35-37.

[95] 章勤琼.国家课程改革背景下中澳数学教师专业行动能力比较研究[D].重庆:西南大学,2012.

[9] 张娜.DeSeCo项目关于核心素养的研究及启示[J].教育科学研究,2013(10):39-45.

[97] 赵雪晶.我国中学教师教学评价素养研究[D].上海:华东师范大学,2014.

[98] 朱新生,施步洲,庄西真,等.职教教师专业化内涵及培养体系构建[J].职业技术教育,2011,32(4):50-54.

[99] 张廷艳.对数学教育人文性的再认识[J].课程·教材·教法,2015,35(6):68-72.

[100] 张紫屏.基于核心素养的教学变革——源自英国的经验与启示[J].全球教育展望,2016,45(7):3-13.

[101] 张雪立.高职数学课程教学改革的研究——以石家庄高职院校为例[D].石家庄:河北师范大学,2016.

[102] 赵乐.杭州市初中数学教师信息技术素养存在的问题与建议研究[D].杭州:杭州师范大学,2016.

[103] 庄可.职业院校教师知识结构调查及发展策略研究——以广东为例[J].高教探索,2016(6):97-103.

英文部分

[1] ALLISON E,LAURA B,LAUREN C,et al. Data Teams:The Big Picture Looking at Data Teams through a Collaborative Lens[M]. Englewood,Colo.:Lead and Learn Press,2010.

[2] BLAND C J. Faculty development through workshops[M]. Springfield,Illinois:Charles C

Thomas Pub Ltd,1980.

[3] BANDURA A. Social foundations of thought and action: A social cognitive theory[M]. Englewood Cliffs, NJ: Prentice-Hall, 1986.

[4] BROMME R. Beyond subject matter: A psychology of teachers' professional knowledge [M]// Biehler R, Scholz R, Strasser R, et al. Didactics of Mathematics as a Scientific Discipline[M]. Dordrecht, The Netherlands Kluwer Academic, 1994.

[5] BLANK R K, Nina D L A. Effects of Teacher Professional Development on Gains in Student Achievement: How Meta Analysis Provides Scientific Evidence Useful to Education Leaders [M]. Washington D. C. : Council of Chief State School Officers, 2009.

[6] BERRY C. Teaching 2030: What we must do for our students and our public schools—Now and in the Future[J]. Issues in Teacher Education, 2011,20(2):110-114.

[7] COLLINS J. Good to Great: Why Some Companies Make the Leap and Others Don't[M]. New York: Harper Collins,2001.

[8] Common Core State Standards Initative. (2010). Common Core State Standards for Mathematics:6-8.

[9] DUNKIN M J. The international encyclopedia of teaching and teacher education[M]. Oxford: Pergamon Press,1987.

[10] D F LABREE. Power, Knowledge and the Rationalization of Teaching:A Genealogy of the Movement to Professionalism in Teaching[J]. Harvard Educational Review, 1992,62(2): 123-155.

[11] DONOVAN M S, BRANSFORD J D. How Students Learn: History, Mathematics, and Science in the Classroom[M]. Washington D. C. : National Academies Press, 2005.

[12] DWECK C. Mindset: The New Psychology of Success [M]. New York: Random House, 2006.

[13] European Commission. Common European Principles for Teacher Competences and Qualifications [EB/OL]. http://www. pef. uni-lj. si/bologna/dokumenti/eu-common-principles.

[14] FENNEMA E, FRANKE M L. Teachers' knowledge and its impact[M]//Grouws D A. Handbook of Research on Mathematics Teaching and Learning. New York: Macmillan Publishing Company, 1992.

[15] FERNANDEZ, C MAKOTO Y. Lesson Study: A Japanese Approach to Improving

Mathematics Teaching and Learning[M]. Mahwah, N. J. : Erlbaum, 2004.

[16] FOSNOT C T, WILLIAM. Young Mathematicians at Work: Constructing Algebra[M]. Portsmouth, N. H. : Heinemann, 2010.

[17] HAYSTEAD M W, ROBERT J. M. Meta-Analytic Synthesis of Studies Conducted at Marzano Research Laboratory on Instructional Strategies[M]. Englewood, Colo. : Marzano Research Laboratory, 2009.

[18] J FURLONG, L BARTON, S MILES, et al. Teacher Education in Transition[M]. Buckingham: Open University Press, 2000.

[19] J KILPATRICK, et al. Adding it up: Helping children learn mathematics[M]. Washington D C: National Academy Press, 2000.

[20] JACOBS V R, LISA L C L, Randolph A P. Professional Noticing of Children's Mathematical Thinking[J]. Journal for Research in Mathematics Education, 2010,41(2): 169-202.

[21] KATZ L G, RATHS J D. Dispositions as Goals for Teacher Education[J]. Teaching and Teacher Education,1985(4):301-307.

[22] KNIGHT J. Instructional Coaching: A Partnership Approach to Improving Instruction [M]. Thousand Oaks, Calif. : Corwin, 2007.

[23] KAPUR M. Productive Failure in Mathematical Problem Solving[J]. Instructional Science, 2010, 38(6):523-50.

[24] LANA V, KEVIN R. Building a Community on the Fast Track: ENG. 09/111 at Central Virginia Community College(CVCC) as a Tierc Model[J]. The Journal of the Virginia Community College, 2012,17(11):17-25.

[25] Merriam-Webster Dictionary. Disposition[EB/OL]. https://www.merriam-webster.com/dictionary/disposition.

[26] MARZANO ROBERT J, TINA B, TAMMY H, et al. Becoming a Reflective Teacher[R]. Bloomington, Ind. : Marzano Research Laboratory, 2012.

[27] National Council for Accreditation of Teacher Education. Professional standards Accreditation of Teacher Preparation Institutions[S]. 2008.

[28] NCATE Glossary. Disposition [EB/OL]. http://www.ncate.org/Standards/UnitStandards/Glossary/tabid/477/Default.aspx.

[29] National Council of Teachers of Mathematics. Principles to Actions-Ensuring Mathematical

Success for All[S]. 2014.

[30] National Council of Teachers of Mathematics. Principles and Standards for School Mathematics[S]. 2014.

[31] NBPTS (National Board for Professional Teaching Standards). Career Technical Educational Standards for Teachers of Students Ages 11 - 18 + [EB/OL]. http://boardcertifiedteachers.org/sites/default/files/EAYA-CTE.pdf, 2015.

[32] PERRY A. The Data Teams Experience: A Guide for Effective Meetings[M]. Englewood, Colo. : Advanced Learning Press, 2011.

[33] SHULMAN L S. Knowledge and Teaching: Foundation of the New Reform[J]. Harvard Educational Review, 1987, 57(1):1-22.

[34] SMITH M S. Reflections on Practice: Redefining Success in Mathematics Teaching and Learning. [J]. Mathematics Teaching in the Middle School, 200,5(6):378-386.

[35] STEIN M K, MARGARET S S, MARJORIE H, et al. Implementing Standards-Based Mathematics Instruction: A Casebook for Professional Development[M]. 2nd ed. New York: Teachers College Press, 2009.

[36] STEIN M K, JENNIFER R, MARGARET S S. The Role of Tools in Bridging Research and Practice in an Instructional Improvement Effort[M]//WILLIAM F T, KAREN D K, CELIA R A. Disrupting Tradition: Research and Practice Pathways in Mathematics Education. Reston, Va. : National Council of Teachers of Mathematics, 2011.

[37] WIGGINS G, JAY M. Understanding by Design[M]. Alexandria, Va. : Association for Supervision and Curriculum Development, 1998.

[38] WALSH J A, BETH D S. Quality Questioning: Research-Based Practice to Engage Every Learner[M]. Thousand Hills, Calif. : Corwin Press, 2005.

[39] World Economic Forum. New Vision for Education: Unlocking the Potential of Technology [EB/OL]. http://www3.weforum.org/docs/WEFUSA_NewVisionforEducation_Report2015.pdf: 1-13,2015.

[40] World Economic Forum. The Future of Jobs: Employment, Skills and Workforce Strategy for the Fourth Industrial Revolution[R]. World Economic Forum, 2016: 3-26.